PUBLIC ECONOMICS AND POLICY STUDIES

公共经济与政策研究

2019（上）

西南财经大学财政税务学院
西南财经大学地方财政研究中心　编

西南财经大学出版社

中国·成都

图书在版编目（CIP）数据

公共经济与政策研究.2019.上/ 西南财经大学财政税务学院,西南财经大学
地方财政研究中心编.—成都:西南财经大学出版社,2019.8
ISBN 978-7-5504-4059-3

Ⅰ.①公…　Ⅱ.①西…②西…　Ⅲ.①公共经济学—研究②政策科学—研
究　Ⅳ.①F062.6②D0

中国版本图书馆 CIP 数据核字（2019）第 159259 号

公共经济与政策研究　2019（上）

GONGGONG JINGJI YU ZHENGCE YANJIU　2019（SHANG）

西南财经大学财政税务学院
西南财经大学地方财政研究中心　编

责任编辑:向小英

责任校对:涂洪波

封面设计:墨创文化　张姗姗

责任印制:朱曼丽

出版发行	西南财经大学出版社（四川省成都市光华村街 55 号）
网　　址	http://www.bookcj.com
电子邮件	bookcj@ foxmail.com
邮政编码	610074
电　　话	028-87353785
照　　排	四川胜翔数码印务设计有限公司
印　　刷	郫县犀浦印刷厂
成品尺寸	185mm×260mm
印　　张	9.25
字　　数	200 千字
版　　次	2019 年 8 月第 1 版
印　　次	2019 年 8 月第 1 次印刷
书　　号	ISBN 978-7-5504-4059-3
定　　价	69.00 元

目　录

1　　财政性教育经费对城乡收入差距的影响　　　　　　　　　　文　峰　何梦源

15　　西部大开发战略对收入差距的影响研究　　　　　　　　　　杨　丹　杨　进
　　　　　——基于 1996—2006 年省级面板数据的实证分析

28　　纵向财政不平衡与城乡收入分配　　　　　　　　　　　　　代介波　李雨晴
　　　　　——基于 2004—2014 年省级面板数据的研究

38　　财税激励推动我国普惠金融可持续发展的研究　　　　　　　　　　　龚兵等
　　　　　——基于达州银税互动的实践

54　　企业所得税优惠政策对创新活动的影响研究　　　　　　　　　　　　　王　瑶
　　　　　——基于我国创业板上市公司的经验数据

75　　房地产税收对房价的影响研究　　　　　　　　　　　　　　　　　　李宛姝
　　　　　——以四川省为例

91　　我国开征遗产税的可行性和制度设计　　　　　　　　　　李金荣　石　颖

100　　政府支出与经济增长质量研究　　　　　　李雨晴　林　桐　张浩天

112　　国别差异对中国企业走出去的影响　　　　　王　佳　赵祎玮　曾　成
　　　　　——来自十年中国海外并购的证据

125　　新时代"互联网+"预算监督的路径与方向　　　　　　　周克清　吴红伯

133　　加快建立现代预算制度探析　　　　　　　　　　　　　　　　　刘　媛

140　　财税沙龙：如何加强县级地方人大预算审查监督

财政性教育支出对城乡收入差距的影响

文　峰　何梦源

内容提要： 本文基于我国 2005—2016 年省级面板数据，对我国财政性教育经费投入与城乡收入差距的关系进行了实证分析。实证结果显示：教育经费总投入、基础教育经费比重与城乡收入差距存在倒"U"形关系，中等职业教育经费的比重与城乡收入差距存在"U"形关系，高等教育对城乡收入差距的抑制作用不显著。为了进一步发挥财政教育经费在缩小城乡收入差距中的作用，不仅需要继续加大财政教育经费投入力度，还应优化财政对教育经费投入结构。

关键词： 财政性教育支出；城乡收入差距；倒"U"形关系

一、引言

收入差距一直是我国经济发展面临的重要问题。改革开放以来，直到 2000 年前后我国总体收入差距快速扩大，近年来逐渐呈缩小的趋势，但城乡收入差距并没有缩小反而慢慢在扩大。究其原因，既有城乡二元结构障碍的原因，即城乡收入差距问题作为这一结构性障碍的外显效应，呈现出"先缩小再扩大"的现实样态（蔡昉，2000），也有一定的政策原因，如户籍制度带来的城乡人口自由流动受限导致城乡收入差距存在（刘志强和谢家智，2014）。社会保障制度、税收制度、转移支付等能在一定程度上调节收入差距，但最根本的办法还是提高低收入家庭获取劳动收入的能力，这涉及人力资本积累问题。人力资本理论已经揭示人力资本是西方发达国家经济增长的内生因素，是提高个人收入的重要途径，而教育投资是人力资本积累的最主要方式。一般来说，普及教育对于缩小城乡收入差距有重要作用，但财政教育经费长期在城市和农村地区之间的不合理分配，也会对城乡收入差距产生影响。

从教育、人力资本和收入分配的关系来看，一般认为教育能增加人力资

作者简介： 文峰，西南财经大学财政税务学院副教授、经济学博士，主要研究方向：财政理论与政策、后发大国财政制度与经济发展、财政制度演变与中国二元经济结构转变；何梦源，西南财经大学财政税务学院研究生，主要研究方向：财政制度与经济发展。

累（威廉·配第，1672），不同个体接受教育的程度不同导致积累的人力资本差异是导致个体间收入差距的主要原因。美国经济学家舒尔茨（1961）认为，人力资本对经济发展的贡献要比实物资本重要得多，教育的普及对提高劳动者收入有重要作用。Solow（1960）通过建立包含技术进步的经济增长模型，得出结论，认为相对于物质资本差异对收入差距的影响，劳动力自身的知识和能力，即人力资本方面的差异才是带来收入差距的真正原因，教育对收入差距的影响是十分重要的。

众多研究的关注点在于教育与收入差距的变动关系，以实证分析为主。在两者关系的显著性问题上，Ram（1984）在对跨国数据的研究中发现，教育不平等程度与收入分配的关系不具有统计上的显著性，更多的研究集中于探讨教育与城乡收入差距的线性关系和倒"U"形关系。

从线性关系方面来看，陈钊等人（2004）估计了1987—2001年的省级面板数据，表明各地的高等教育人口比重指标呈现收敛的趋势，教育的持续平衡发展将有助于缩小地区间收入差距。郭剑雄（2005）基于内生增长理论，实证了人力资本、生育率对城乡收入差距的影响，发现城乡的受教育差距与城乡收入呈正相关关系。王海云等人（2009）从人力资本角度，利用重庆市的历年数据，通过将各级教育发展和城乡收入差距指标化，构建两者之间的向量自回归（VAR）模型，得出高等教育扩大了城乡收入差距，而基础教育与中等教育具有抑制作用的结论。刘新和刘伟（2013）利用我国1999—2011年的省级面板数据，采用完全修正最小二乘法，进行单位根检验、面板协整，得出在全国层面教育投入、社会保障支出扩大了城乡收入差距的结论。

部分研究结果显示出收入差距与教育不平等之间不存在线性关系。Glomm等人（2008）认为，教育投入对经济增长和收入差距的影响呈非单调特点。杨俊等人（2008）基于内生增长理论，构建出联立方程组模型且得出结论：教育不平等的改善并没有促进收入不平等的改善，教育不平等与收入分配差距之间不是简单的线性关系。段景辉和陈建宝（2014）利用中国大学生与非大学生1989—2009年的微观数据建立信号博弈模型，认为教育投入对城乡收入差距的影响呈非线性变化，在不同时期的作用强度有所差异。詹国辉等人（2017）利用阈值的协整检验发现，教育资本对城乡收入差距的影响具有非线性关系，在一定阈值水平内其影响为正，超过这个水平时则表现为负。

大量研究者围绕库兹涅兹关于收入分配的倒"U"形假说做了大量引申研究。Londonon（1990）提出了教育存在库兹涅兹的倒"U"形关系，认为随着教育水平的提升，教育分配差距会先恶化达到峰值后再逐渐改善。Ram（1990）利用94个国家的截面数据，实证得出倒"U"形曲线的拐点约出现在平均受教育年限为7年时。赖德胜（1997）利用49个国家的数据建立一元二次回归，实证得出教育扩展（包括成年人识字率、男性中等教育入学率和劳动者平均受教育年限）与收入不平等之间存在着密切关系，且表现为倒"U"形关系，其中成年人识字率对收入不平等的影响最大。白雪梅（2004）基于中国1982—2000年的省级面板数据，实证得出教育的不平等会加剧收入的不平等，教育扩展和收入不平等之间存在倒"U"形关系，且该时段中国正处于倒"U"形曲线顶点左侧，平均受教育年限的增加将会提高收入的不平等程度。郭庆旺等人（2009）构建了包含基础教育和高等教育的两阶段人力资本模型，并利用我国已有数据得出公共教育支出规模、基础教育支出比重和高等教育招生规模与经济增长之间存在着倒"U"形关系。但也有相反的结论，如刘敏楼（2008）通过省级数据进行计量分析得出结论：基础教育不是造成城乡收入差距的原因，高等教育则与城乡收入差距有"U"形关系，即在对城乡收入差距起一定的缩小作用后又扩大了这一差距。王晓清等人（2012）利用我国1990—2010年的省级面板数据实证得出，教育基尼系数与城乡收入差距之间大致是一种"U"形曲线关系，且现阶段仍处于临界点左边，意味着降低教育基尼系数能缩小城乡收入差距。

由此可以看出，因学者所处经济发展阶段和环境不同，对教育与城乡收入差距的研究角度和数据来源不同，既可能得出相似的结论，也可能出现相反的结论。对教育投入影响经济社会的探讨和研究仍在继续深入，财政性教育经费对城乡收入差距的影响，学术研究领域仍没有形成比较统一、完善的理论体系。虽然关于教育及广义的教育投入对于收入差距的影响机制研究众多，但随着教育经费投入的不断增长，尤其是多年来基础教育的普及，中等职业教育、高等教育的发展，教育投入与我国城乡收入差距的关系是什么，是否能起到改善作用，从国家财政性教育支出（我国公共教育支出包括两种口径，即国家财政性教育经费和预算内教育经费）角度出发，探讨通过教育来缩小收入差距的问题需要建立在一定的教育发展水平和较为合理、科学的教育政策之上，而这方面的实证研究还未得到全面和深入地展开。本文在前人研究的基础上，建立理论模型分析财政性教育经费对城乡收入差距的作用，并利用我国已有财政性教育经费的数据，全面考察财政性教育经费投入的规模和结构，进而探讨教育资源的优化配置问题。

二、教育财政支出影响城乡差距的理论模型

在市场经济条件下，影响收入分配的因素主要是劳动力和资本，个体拥有资本的多寡无疑是影响其收入多寡的重要因素之一，但对于大多数人来说，主要还是凭借劳动力要素获取收入。对于一般个体，来源于节制消费的资本积累十分有限，拥有较多资本的富人占人口的比重毕竟比较低，多数穷人想要获得更多收入还是主要着眼于增加人力资本和劳动时间。假定所有人都可以自由决定劳动时间，个体间拥有人力资本的差距就成为影响收入差距的重要因素。由于人的能力不但具有异质性，而且具有可塑性，通过后天人力资本投资来改变个人收入是理性经济人的正常选择。教育是形成人力资本的主要方式，能增加受教育者的知识存量，能够提高受教育者的劳动技能，从而提高劳动生产率，获得更多就业机会，取得更多的收入。舒尔茨在其著作《论人力资本投资》中指出，差别化教育使得工人获得收入的能力不同，从而导致个体收入存在差距，对教育的投入本质上是对人力资本的增进。

本文根据柯布-道格拉斯生产函数模型，产出考虑劳动力投入和资本投入，假设城市资源包括城市劳动力（L_c）和城市自有资本（K_c），农村资源包括农村劳动力（L_v）、农村自有资本（K_v）和可耕地数量（T），在借鉴宋英杰和曲静雅（2018）的理论研究基础上，为更好地比较教育投入带来的城乡收入差别，构建模型如下：

$$Y_c = A_c (EL)^\alpha K^{1-\alpha} \qquad (1)$$

$$Y_v = A_v L_{v1}^{\ \beta} T^{1-\beta} \qquad (2)$$

其中，Y_c 和 Y_v 分别表示城市总产出和农村总产出，A_c 和 A_v 分别表示城市技术对产出的作用和农村技术对产出的作用；由于劳动力具有流动性，农村部分劳动力 A_{v2} 外流到城市打工，以农业收入为主要收入的农村劳动力为 L_{v1}，即 $L_v = L_{v1} + L_{v2}$，L 表示城市劳动力的总量，包括城市自有劳动力 L_c 和从农村流入城市的劳动力 L_{v2}，即 $L = L_c + L_{v2}$；由于城市偏向的教育政策和受过教育的农村劳动力更倾向到能够获得更高收入和更好发展的城市工作和生活，假设教育经费投入没有对农村劳动力产出能力的提高带来影响，则 E 表示财政性教育经费投入对提高城市劳动者产出的能力，EL 代表包含更多人力资本的城市中的有效劳动力；城市资本 K 包括城市自有资本 K_c 和来自农村储蓄的资本 K_v，即 $K = K_c + K_v$，其假设前提为城市资本用于投资，而农村自有资本 K_v 以储蓄形式全部存于银行，农村居民每年获得一定利率收益 r_v，而城市居民每年以利率 r_v 向银行贷款，获得 K_v 并用于投资；α 和 β 分别表示城市劳动力产出弹性系数和农村劳动力产出弹性系数，且 $0 < \alpha, \beta < 1$。

为简化研究，本文假设城乡劳动力之间可以自由流动，这意味着城乡劳动力个人工资由市场决定，且与其边际收益 w 相等，而单位资本的收益也由市场决定，等于其边际收益 r。农村劳动力向城市流动的前提是其在城市获得的工资高于其在农村获得的工资。若农村劳动力在城市获得的收入高于其在农村从事生产获得的收入，那么更多的农村劳动力就会选择流入城市，导致留在农村的劳动力会相对减少，这时农村劳动力的边际产出会随之增加，直至农村劳动力在城市获得的收入 w_c 与其在农村从事生产的边际产出 $w_v (Y_v/L_{v1})$ 相等。因此，城乡劳动力的收入为：

$$r = \frac{\partial Y_c}{\partial K} = (1-\alpha) A_c E^\alpha \left(\frac{L}{K}\right)^\alpha = r_c \qquad (3)$$

$$w_c = \frac{\partial Y_c}{\partial L} = \alpha A_c E^\alpha \left(\frac{K}{L}\right)^{1-\alpha} \qquad (4)$$

$$w_v = \frac{\partial Y_v}{\partial L_{v1}} = \beta A_v \left(\frac{T}{L_{v1}}\right)^{1-\beta} \qquad (5)$$

城市和农村居民人均收入来自劳动力工资及利息收入，其中，城市居民利息收入 r_c 决定于市场利率 r，农村居民利息收入决定于储蓄利率 r_v。而在城乡劳动力自由流动下，$w_c = w_v$，则可得到劳动力工资 w。城市居民人均收入 R_c 和农村居民

人均收入 R_v 分别为：

$$w = w_c = \alpha A_c E^{\alpha} \left(\frac{K}{L}\right)^{1-\alpha} = w_v = \beta A_v \left(\frac{T}{L_{v1}}\right)^{1-\beta} \tag{6}$$

$$R_c = w + \frac{r_c K - r_v K_v}{L_c} \tag{7}$$

$$R_v = w + \frac{r_v K_v}{L_v} \tag{8}$$

本文主要用泰尔指数来测算城乡收入差距，计算公式如下：

$$Theil = \sum_{j=1}^{2} \frac{Y_{jt}}{Y_t} \ln\left(\frac{Y_{jt}}{Y_t} \Big/ \frac{p_{jt}}{p_t}\right) = \frac{Y_{1t}}{Y_t} \ln\left(\frac{Y_{1t}}{Y_t} \Big/ \frac{p_{1t}}{p_t}\right) + \frac{Y_{2t}}{Y_t} \ln\left(\frac{Y_{2t}}{Y_t} \Big/ \frac{p_{1t}}{p_t}\right) \tag{9}$$

其中，$Theil$ 为城乡收入差距的泰尔指数。泰尔指数越大，表示城乡收入差距越大；反之，则表示城乡收入差距越小。j 表示地区，$j=1$ 时表示城市地区，$j=2$ 时表示农村地区。Y_{it} 表示 t 时期城市或农村地区的收入，Y_t 表示 t 时期总收入。P_{it} 表示 t 时期城市或农村地区的人口。P_t 表示 t 时期总人口。由以上分析可知，城市和农村地区人口数分别为 L_c 和 L_c，城乡总人口为 $(L_c + L_v)$，城市居民和农村居民总收入分别为 $R_c L_c$ 和 $R_v L_v$，则上式可写成：

$$Theil = \frac{R_c L_c}{R_c L_c + R_v L_v} \ln\left(\frac{R_c L_c}{R_c L_c + R_v L_v} \Big/ \frac{L_c}{L_c + L_v}\right) + \frac{R_v L_v}{R_c L_c + R_v L_v} \ln\left(\frac{R_v L_v}{R_c L_c + R_v L_v} \Big/ \frac{L_v}{L_c + L_v}\right) \tag{10}$$

可令 $a = R_c L_c / (R_c L_c + R_v L_v)$，$b = L_c / (L_c + L_v)$，则上式可变为：

$$Theil = a\ln(a/b) + (1-a)\ln[(1-a)/(1-b)] \tag{11}$$

为进一步讨论泰尔指数与教育经费投入的关系，本文利用 $Theil$ 对教育经费投入 E 进行一阶求导，得：

$$\frac{\partial Theil}{\partial E} = \frac{\partial Theil}{\partial a} \frac{\partial a}{\partial R_c} \frac{\partial R_c}{\partial E} = \ln\frac{a(1-b)}{b(1-a)} \frac{R_v L_c L_V}{(R_c L_c + R_v R_v)^2} \left(\frac{\alpha^2}{L} + \frac{\alpha - \alpha^2}{L_c}\right) A_c E^{\alpha-1} L^{\alpha} K^{1-\alpha} \tag{12}$$

从上式可以看出，教育经费投入对城乡收入差距的影响主要取决于 $\frac{a(1-b)}{b(1-a)}$。当 $a>b$，$\frac{a(1-b)}{b(1-a)}>1$ 时，$\frac{\partial Theil}{\partial E}>0$，表明教育经费投入与城乡收入差距存在正向关系，即教育经费投入越多，城乡收入差距越大；当 $a=b$，$\frac{a(1-b)}{b(1-a)}=1$ 时，$\frac{\partial Theil}{\partial E}=0$，表明此时教育经费投入存在临界状态，城乡收入差距存在极值；当 $a<b$，$\frac{a(1-b)}{b(1-a)}<1$ 时，$\frac{\partial Theil}{\partial E}<0$，表明教育经费投入与城乡收入差距存在负向关系，即随着教育经费投入的增加，城乡收入差距会越来越小。由以上分析可知，

在城乡二元经济结构下，教育经费投入与城乡收入差距之间既可能存在线性关系，也可能存在非线性关系。在理论模型的基础上，本文将通过构建计量模型进一步分析。

三、实证分析

（一）我国财政性教育经费影响城乡收入差距的现状

教育作为形成人力资本的主要途径，通过人力资本渠道与就业联系影响居民收入。财政教育经费一方面使得贫困地区和农村地区孩子获得教育的可能性增大，能满足其基础阶段教育和接受更高教育的需要，通过提高技能和自身竞争力获取更多收入；另一方面，个人受教育有利于改善农村家庭福利状况，贫困家庭会衡量短期内的成本和长期的教育回报率。长期来说，家庭受教育的劳动力会获得更高收入，带动家庭整体收入水平提高。我国教育财政作为调节收入分配的重要手段，其政策的有效性在于教育资源的投入是否缩小了城乡间或地区间居民在教育投资方面的差距。有研究指出，教育是造成我国城乡收入差距的主因，影响程度达到 43.92%，其中偏向城市的教育投资政策对总体差距的影响度高达 34.69%（陈斌开等，2010）。长期以来，我国实行城市偏向教育经费投入政策，有利于城市居民人力资本的积累，而农村地区的教育投入不足，人力资本得不到充分发展；同时，由于农村劳动力更倾向到城市打工，投身城市建设，故教育资源投入所带来的收益更多流入城市，从而最终加剧了城乡居民收入差距的扩大。自 2012 年起，我国财政教育经费支出占 GDP 的比重连续多年高于 4%，表明政府开始重视教育投入。但从另一角度来看，我国教育财政支出占总财政支出的比重却在不断下降，如图 1 所示。一方面，财政对教育投入不足的直接后果就是受教育的费用更多由家庭负担，当受教育的权利与财富直接联系时，带来的便是收入高的家庭受教育的机会将大于收入低的家庭，长此以往，贫者愈贫，富者愈富。另一方面，财政对各级教育的投入结构仍存在不合理现象，各级教育发展之间不协调，尤其是近年来对城市地区高等教育的急剧扩张，职业教育发展仍处于较低水平，而基础教育供不应求且在城乡地区间发展不均衡。考虑到基础教育对劳动者素质形成的重要性，职业教育对劳动者获得实用技能的特殊性，高等教育对提高劳动者收入的有效性，这需要各级教育协调发展：不仅需要在基础教育的层面上尽量给每个孩子提供大致相同的教育投入，还需要在高等教育、职业教育层面上尽可能为更多的农村孩子和低收入家庭的孩子提供教育补助，以保证教育的公平效益，切实发挥财政教育调节的作用。

在对已有文献和理论模型分析的基础上，考虑财政性教育经费与城乡收入差距之间可能存在非线性关系，本文基于 2005—2016 年全国除港澳台以外的 31 个省、区、市的数据，构建动态面板模型对财政性教育经费和城乡收入差距的关系进行实证检验。我国财政教育支出占国家财政支出的比重趋势图见图1。

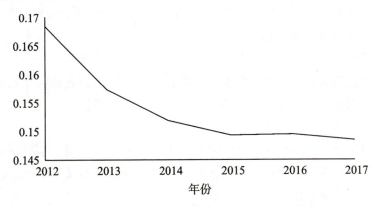

图 1　财政教育支出占国家财政支出的比重趋势图

数据来源：国家统计局。

（二）计量模型构建

1. 基于财政性教育经费投入规模的动态面板数据模型

$$Theil_{it} = \alpha + \alpha_1 lbtheil + \beta_1 edu_{it} + \beta_2 edu_{it}^2 + \lambda x + \mu_i + \varepsilon_{it} \tag{13}$$

其中，*Theil* 代表城乡收入差距的泰尔指数，考虑到经济发展的动态特征，城乡收入差距变化不仅受当前时期因素影响，也受到前时期因素影响，所以取滞后一期的泰尔指数来衡量前时期因素影响，用 *lbtheil* 代表。*edu* 代表财政性教育经费规模，*x* 代表控制变量。*i* 表示省份，*t* 表示时间，α 表示截距项，β 表示核心解释变量系数，λ 表示控制变量系数，μ_i 表示个体效应，ε_{it} 表示随机扰动项。

2. 基于财政性教育经费投入结构的动态面板数据模型

$$theil_{it} = \alpha + \alpha_1 lbtheil + \beta_1 bsedu_{it} + \beta_2 svedu_{it} + \beta_3 hedu_{it} + \beta_4 bsedu_{it}^2 +$$
$$\beta_5 svedu_{it}^2 + \beta_6 hedu_{it}^2 + \lambda x + \mu_i + \varepsilon_{it} \tag{14}$$

其中，*bsedu*、*svedu* 和 *hedu* 分别代表基础教育、中等职业教育和高等教育财政性教育经费比重，其他变量解释同上式。

（三）变量选取与数据说明

本文的核心变量包括城乡收入差距、财政性教育经费总投入和结构；控制变量包括产业结构、城市化率、人均 GDP、社会保障支出水平等。

第一，城乡收入差距。衡量城乡收入差距的指标比较常用的有两种：一是选用城市居民人均可支配收入与农村居民人均纯收入之比作为度量城乡收入差距的指标；二是选用泰尔指数作为衡量城乡收入差距的指标，相对于城乡收入比，泰尔指数更能综合反映城乡人口结构和收入水平。本文采用泰尔指数来衡量城乡收入差距。

第二，财政性教育经费总投入和结构。本文选取财政性教育经费与财政支出之比作为衡量财政性教育经费规模的指标，对于财政性教育经费结构，本文借鉴郭庆旺等人（2009）的研究方法，考虑基础教育（普通中小学）财政性教育经费比重、中等职业教育财政性教育经费比重和高等教育财政性教育经费比重。

第三，人均GDP。本文选取人均收入水平作为衡量经济发展水平的指标。由库兹涅茨提出的关于经济增长与收入不平等存在的倒"U"形关系，反映出经济发展对收入差距有很大影响。在经济发展初期，非农业部门发展速度比农业部门发展速度快，不断加剧整个社会收入不平等；之后，随着经济发展到较高水平，部门之间的收入趋于平等。

第四，城市化率。陆铭等人（2004）认为，城市化进程对缩小城乡收入差距具有显著作用，且城市化是城乡收入差距的格兰杰原因。本文采用城市人口占总人口的比重来反映城市化进程。

第五，产业结构。随着城市化的发展，产业结构调整会拉动非农产业的发展，进而拉动农村劳动力转移就业，通过影响农民工收入来影响城乡收入差距；同时，农业本身的发展释放出更多农村剩余劳动力，提高农业生产经营效率，促进农民生产经营收入进而影响城乡收入差距。高霞（2011）通过实证研究表明，第二、第三产业比重的显著提高将会扩大城乡收入差距。本文以此为基础进行验证，并用第二、第三产业占GDP的比重来衡量产业结构。

第六，社会保障支出水平。社会保障支出是公共财政支出的重要组成部分，具有国民收入再分配效应，能对收入差距起到重要的抑制作用。一般来说，政府社会保障支出增加，会增加低收入群体福利，进而降低社会的收入差距。本文借鉴吕承超（2017）的研究，由于社会保障支出在2007年前后统计不一致，2007年之前社会保障支出为抚恤和社会福利救济费、行政事业单位的离退休费、社会保障补助支出三项支出之和，而2007—2016年社会保障支出则为用于社会保障和就业的支出，取社会保障支出与财政支出之比来反映社会保障支出水平。

本研究运用Stata12软件，所用数据为2005—2016年的省级面板数据，用于计算泰尔指数的人口和收入的数据、人均GDP值、第二产业和第三产业的比重、城市化率和社会保障支出等数据均来源于《中国统计年鉴》《中国经济社会发展统计数据库》，各类财政性教育经费数据来自各年的《中国教育经费统计年鉴》。

（四）实证结果与分析

1. 描述性统计

表1给出了模型中各变量的描述性统计。从统计结果中可以发现，城乡收入差距的泰尔指数的平均值为0.124 1，方差为0.059 4，说明各省份的泰尔指数差距较小，泰尔指数在2005—2016年变动不是很大。从自变量描述性统计结果来看，财政教育经费总投入的均值为0.183 4，方差为0.028 5，说明国家财政对教育的经费支出在各省份间的分配差异不明显。同时可以发现，城市化率均值为0.514 3，方差为0.147 2，各省份不同年份间的城市化存在一定的差异。

表 1　描述性统计结果

变量名称	变量符号	样本数	平均值	方差	最大值	最小值
泰尔指数	theil	372	0.124 1	0.059 4	0.281 5	0.020 1
财政性教育规模	edu	372	0.183 4	0.028 5	0.250 4	0.106 5
基础教育财政性教育经费的比重	bsedu	372	0.123 1	0.024 7	0.172 0	0.047 1
中等职业教育财政性教育经费的比重	svedu	372	0.012 7	0.004 1	0.029 4	0.031 6
高等教育财政性教育经费的比重	hedu	372	0.038 3	0.023 8	0.178 4	0.008 9
人均 GDP 对数	lnpgdp	372	8.021 3	0.632 2	9.350 7	6.290 5
人口出生率	birth	372	0.114 4	0.026 5	0.179 4	0.053 6
城市化率	ur	372	0.514 3	0.147 2	0.896 0	0.209 0
社会保障水平	ssl	372	0.127 4	0.036 0	0.260 2	0.051 6
产业结构	ins	372	0.888 5	0.056 2	0.996 0	0.678 0

2. 基于财政性教育经费规模的实证结果分析

对式（12）进行 Hausman 检验拒绝原假设，采用固定效应模型。具体回归结果如表 2 所示。

表 2　财政教育经费规模对城乡收入差距回归结果

变量符号	（1）theil	（2）theil	（3）theil	（4）theil	（5）theil
lbtheil	0.943 ***	0.592 ***	0.580 ***	0.589 ***	0.588 ***
	(0.024 4)	(0.036 7)	(0.036 2)	(0.036 2)	(0.036 3)
edu	0.340	0.747 **	0.599 **	0.574 **	0.575 **
	(0.342)	(0.288)	(0.286)	(0.285)	(0.286)
edu^2	−0.745	−1.882 **	−1.524 **	−1.448 *	−1.449 *
	(0.920)	(0.776)	(0.769)	(0.765)	(0.767)
ur		−0.255 ***	−0.155 ***	−0.166 ***	−0.166 ***
		(0.022 1)	(0.035 9)	(0.036 1)	(0.036 2)
lnpgdp			−0.011 8 ***	−0.009 2 **	−0.009 1 **
			(0.003 39)	(0.003 59)	(0.003 88)
ssl				0.071 2 **	0.071 2 **
				(0.032 9)	(0.033 0)
ins					−0.001 89
					(0.050 4)
_cons	−0.034 5	0.107 ***	0.167 ***	0.143 ***	0.145 ***
	(0.031 5)	(0.029 1)	(0.033 4)	(0.034 9)	(0.049 0)
R-squared	0.837	0.886	0.891	0.892	0.892

注：*** 、** 、* 分别表示该变量在 1%、5% 和 10% 的程度上显著。

　　从表 2 中的结果可以看出，无论是否加入控制变量，泰尔指数滞后一期的系数都为正且通过 1% 的显著性检验，说明城乡收入差距存在时间滞后效应，前期的城乡收入差距会扩大当期的城乡收入差距。

　　首先，未加入控制变量时，核心解释变量财政教育总投入及其平方项的系数分别为正值与负值，但都不显著。其次，引入控制变量城市化率后提高了财政教育总投入及其平方项系数的显著性，模型趋于合理。财政教育总投入的系数为正且都通过 5% 的显著性水平检验，而财政教育总投入平方的系数为负，模型（2）和模型（3）通过了 5% 的显著性水平检验，而模型（4）和模型（5）通过了 10% 的显著性水平检验，表明在考察期限内财政教育经费投入规模与城乡收入差距存在一定的倒 "U" 形关系，在一定阶段内财政教育经费投入并不会缩小城乡收入差距，反而会加大城乡收入差距，直至城乡收入差距达到最大值 0.281 5。最初，我国教育投入向城市倾斜，且人力资本水平提升的空间较大，对城市经济发展拉动力强，进而扩大了城乡收入差距。此后，随着人力资本水平提升其边际效用下降，农业生产率提升，教育投入水平与城乡收入差距又会呈负相关关系（余菊，2013）。最后，逐步引入控制变量后，模型仍比较稳健。城市化的系数显著为负，这反映出城市化进程对城乡收入差距的影响较为显著且具有缩小作用。城市化的进程有利于促进农村人口转移，提高了农村劳动力生产效率和人均收入，从而缩小城乡收入差距，与陈钊等人（2004）的结论一致。人均 GDP 代表的经济发展水平与城乡收入差距的线性关系显著为负，反映出经济的增长是从整体上提高城乡居民的人均收入，进而起到缩小城乡收入差距的作用，经济的发展有利于缩小城乡收入差距。社会保障水平的系数显著为正，可能原因在于中国长期以来城市和农村社会保障存在差距，社会保障支出也是更加偏向于城市，本应该起到调节和缩小城乡收入差距、维护社会公平职能的公共教育和社会保障制度，事实上并没有发挥其收入再分配的功能，甚至还起到了 "逆向调节" 作用（刘渝琳和陈玲，2012）。从产业结构方面来看，其相关系数为负与所定假设不相符且不显著。

　　3. 基于财政性教育经费结构的实证结果分析

　　为进一步探讨财政性教育经费对城乡收入差距的影响，本文对式（13）进行回归，结果如表 3 所示。同表 2 中的结果相似，城乡收入差距泰尔指数滞后一期的系数为正，且都通过了 1% 的显著性检验，说明其受前期影响较大且为扩大趋势。在未加入控制变量时，基础教育经费的比重系数及平方项系数分别为正值和负值，基础教育经费的比重系数通过了 5% 的显著性水平检验，其平方项系数不显著；中等职业教育经费的比重及其平方项系数分别为负值和正值，且都通过 5% 的显著性水平检验，中等职业教育对城乡收入差距的影响存在 "U" 形趋势，即中等职业教育经费投入对城乡收入差距的影响是先缩小后扩大；高等教育教育经费比重及其平方项系数分别为负值和正值且不显著。在引入控制变量后，基础教育经费的比重及其平方项系数显著性得到提升，分别通过了 1% 和 5% 的显著性水平检验且具有稳健性，从线性角度来看，财政对基础教育的经费投入扩大了城乡收入差距，

而从非线性角度来看，财政对基础教育的经费投入与城乡收入差距同样存在倒
"U"形关系；中等职业教育经费的比重及其平方项系数正负号和显著性没有变化，
结果比较比较稳健；而高等教育经费的比重的平方项系数符号发生改变，之后一
直保持为负且不显著。加入城市化率、人均 GDP 对数和社会保障水平指标的结果
与表 2 中的结论相似，社会保障水平系数为正且不显著，而城市化水平提高和经济
发展对城乡收入差距的影响依然都是显著的，且能起到缩小城乡收入差距的作用。
而产业结构指标的系数符号变为正，这与所做的假设相符，但同样不显著，说明
产业结构与城乡收入差距的关系需要进一步验证。

表 3　财政性教育经费结构对城乡收入差距影响的回归结果

变量符号	（1） theil	（2） theil	（3） theil	（4） theil	（5） theil
lbtheil	0.882 ***	0.605 ***	0.597 ***	0.598 ***	0.600 ***
	(0.022 8)	(0.033 4)	(0.033 3)	(0.033 4)	(0.033 6)
bsedu	0.601 **	0.878 ***	0.777 ***	0.773 ***	0.755 ***
	(0.248)	(0.215)	(0.218)	(0.219)	(0.221)
bsedu^2	−0.593	−2.150 **	−1.825 **	−1.806 **	−1.749 **
	(0.995)	(0.871)	(0.877)	(0.880)	(0.884)
svedu	−2.329 **	−2.050 **	−2.086 **	−2.079 **	−2.026 **
	(0.984)	(0.848)	(0.842)	(0.844)	(0.848)
svedu^2	59.99 **	56.68 **	55.86 **	55.70 **	54.56 **
	(28.46)	(24.53)	(24.36)	(24.40)	(24.47)
hedu	−0.072 4	−0.095 4	−0.085 2	−0.083 6	−0.079 0
	(0.158)	(0.136)	(0.135)	(0.135)	(0.136)
hedu^2	0.064 6	−0.311	−0.456	−0.472	−0.465
	(0.955)	(0.824)	(0.821)	(0.824)	(0.824)
ur		−0.214 ***	−0.154 ***	−0.153 ***	−0.157 ***
		(0.020 8)	(0.033 3)	(0.033 4)	(0.033 8)
lnpgdp			−0.007 4 **	−0.007 9 **	−0.007 09 *
			(0.003 22)	(0.003 50)	(0.003 67)
ins				0.014 8	0.015 1
				(0.046 3)	(0.046 3)
ssl					0.021 9
					(0.031 0)
_cons	−0.032 9 **	0.103 ***	0.140 ***	0.130 ***	0.123 ***
	(0.016 7)	(0.019 5)	(0.025 3)	(0.040 5)	(0.041 7)
R-squared	0.877	0.901	0.911	0.911	0.911

注：***、**、* 分别表示该变量在 1%、5% 和 10% 的程度上显著。

　　一般来说，个人的能力与工资收入呈正相关关系，如果基础教育门槛较低，城乡居民受到相同基础教育的机会比较均等，这将有利于缩小城乡收入差距。在这种情况下，城乡之间收入差距更多来源于更高教育的扩展，而农村家庭接受更高教育往往会比城市家庭承受更重的负担。在工业和服务业发展前期，对于中等职业教育人群需求很大，更多农村劳动力出于教育成本考虑，会选择接受职业教育而不是高等教育来提高自身技能，进而从事非农产业部门工作以提高收入，因而在一定时期内中等职业教育对城乡收入差距的抑制作用比高等教育要更明显。但随着行业和部门发展更加细化，当对学历和专业化技能的要求更高时，一方面行业内将会区分出技能等级，分别对应不同收入等级；另一方面相比于城市居民，农村居民要为接受更高教育付出更大的代价。从长远来看，中等职业教育又将扩大城乡收入差距，最终其对城乡收入差距表现为先缩小后扩大趋势。基础教育质量差异是人力资本水平提高的重要因素（陈斌开等，2010），其普及能使更多农村孩子受益，更是他们获得更高教育机会的前提。而长期以来，我国基础教育资源在城乡之间分配不合理，现阶段反而出现扩大城乡收入差距的影响更为显著，且基础教育扩大作用大于中等职业教育的缩小作用。

四、主要结论和启示

　　本文通过构建理论模型，探讨教育投入与城乡收入差距之间的关系，分析表明，教育投入与城乡收入差距之间的关系不确定，即两者的关系既可能是线性关系也可能是非线性关系。利用我国2005—2016年的省级面板数据，构建动态面板模型实证分析得出，财政教育经费总投入、基础教育经费投入与城乡收入差距存在倒"U"形关系，中等职业教育与城乡收入差距存在"U"形关系，高等教育缩小城乡收入差距的作用不明显，财政教育经费结构不协调使得教育投入缩小城乡收入差距的作用不明显。优化财政教育经费的投入结构，不仅需要加强中等职业教育的财政教育经费的投入、以抑制城乡收入差距扩大，也需要协调好各级教育财政经费的投入比重，在增加财政教育总投入和基础教育投入过程中使城乡收入差距顺利跨过最高点。现阶段我国财政教育政策想要达到缩小城乡收入差距的作用，本文认为其着力点在以下几个方面：

　　第一，进一步加大基础教育投入，在提高受教育者的文化水平的同时，重点关注基础教育经费在城乡之间的合理分配。一方面，基础教育的普及能使更多孩子得到公平受教育的机会；另一方面，我国现处于城市化加快推进阶段，大量人口从农村向城市流动，如果城市基础教育资源不能满足进城学龄儿童的教育需求，同时，投入农村的教育资源因农村人口流出而闲置，不仅不利于迁移儿童的发展，也会导致教育资源不能得到充分利用，所以，基础教育投入机制要综合考虑城乡地区间农村孩子的需求，在优先保证农村教育基础设施完善的同时提高整体教育资源的使用效率。

　　第二，优化教育结构，注重对农村职业技术教育的投入。良好的教育结构对经济发展具有巨大的促进作用，要协调发展各级教育。在政府教育经费的支出管理过程中，应该实现对教育资源的统筹安排，调整教育投资方向和结构，注重对贫困农村地区的财政支持。现阶段中等职业教育有助于缩小城乡收入差距，发展中等职业技术教育，对更多农村劳动力提供高质量的培训，培养更多掌握实用技术的农业劳动者，带动农村经济整体发展，提高农村劳动力的收入水平。

第三，改善农村投资环境，利用政策引导人才回乡建设。为获得更高收入，大量农村劳动力外流，尤其是受教育程度越高的劳动力越想要脱离农村，到城镇发展。一方面，结合农村自身资源和相关政策科学规划农村经济社会建设，给予农村经济发展项目提供政策优惠，加快农村土地产权流动，促进农村土地从小规模分散经营向规模化、产业化经营转变，提高劳动生产率，切实增加农民收入；另一方面，通过制度和福利吸引人才到农村创业，确保回乡创业和外来人才发挥其参与农村经济建设、促进农村经济发展的作用，缩小城乡收入差距。

参考文献：

［1］蔡昉. 中国二元经济与劳动力配置的跨世纪调整：制度，结构与政治经济学的考察［J］. 浙江社会科学，2000（5）：18-31.

［2］刘志强，谢家智. 户籍制度改革与城乡收入差距缩小：来自重庆的经验证据［J］. 农业技术经济，2014（11）：31-39.

［3］舒尔茨. 论人力资本投资［M］. 梁小民，译. 北京：北京经济学院出版社，1992.

［4］ROBERT M SOLOW. Income Inequality since the War［M］// RALPH E. FREAMAN. Postwar Economic Trends in the Unite States. New York：Harper，1960.

［5］威廉·配第. 政治算术［M］. 陈冬野，译. 北京：商务印书馆，1980.

［6］RAM R. Population Increase，Economic Growth Education Inequality and Income Distribution：Some Recent Evidence［J］. Journal of Development Economics，2004（14）：419-428.

［7］陈钊，陆铭，金煜. 中国人力资本和教育发展的区域差异：对于面板数据的估算［J］. 世界经济，2004（12）.

［8］郭剑雄. 人力资本、生育率与城乡收入差距的收敛［J］. 中国社会科学，2005（3）：27-37.

［9］王海云，陈立泰，黄仕川，等. 教育作用于城乡收入差距的实证检验：扩大或抑制——以重庆市为例（1985—2006）［J］. 经济问题探索，2009（10）：23-29.

［10］刘新，刘伟. 东、中、西部教育投入和社会保障支出联合的收入差距效应［J］. 西北人口，2013（4）：78-82.

［11］DUFLO B E. Inequality and Growth：What Can the Data Say?［J］. Journal of Economic Growth，2003，8（3）：267-299.

［12］GLOMM G，KAGANOVICH M. Distributional Effects of Public Education in an Economy with Public Pensions［J］. International Economic Review，2010，44（3）：917-937.

［13］杨俊，黄潇，李晓羽. 教育不平等与收入分配差距：中国的实证分析［J］. 管理世界，2008（1）：38-47.

［14］段景辉，陈建宝.高等教育与收入差距：信号博弈模型的研究［J］.统计与决策，2014（13）：37-40.

［15］詹国辉，张新文.教育资本对城乡收入差距的外部效应［J］.财贸研究，2017（6）：41-50.

［16］RAM R. Educational Expansion and Schooling Inequality：International Evidence and Some Implications［J］. Review of Economics & Statistics, 1990, 72（2）：266-274.

［17］赖德胜.教育扩展与收入不平等［J］.经济研究，1997（10）：46-53.

［18］白雪梅.教育与收入不平等：中国的经验研究［J］.管理世界，2004（6）：53-58.

［19］郭庆旺，贾俊雪.公共教育政策、经济增长与人力资本溢价［J］.经济研究，2009（10）：22-35.

［20］刘敏楼.教育、人力资本投资与城乡收入差距［J］.现代管理科学，2008（2）：47-49.

［21］王晓清，刘东.教育对区域间城乡收入差距的影响分析［J］.经济与管理研究，2012（7）：59-65.

［22］宋英杰，曲静雅.财政职业教育支出对城乡收入差距的影响［J］.公共财政研究，2018，21（3）：29-40.

［23］陈斌开，张鹏飞，杨汝岱.政府教育投入、人力资本投资与中国城乡收入差距［J］.管理世界，2010（1）.

［24］陆铭，陈钊.城市化、城市倾向的经济政策与城乡收入差距［J］.经济研究，2004（6）：50-58.

［25］高霞.产业结构变动与城乡收入差距关系的协整分析［J］.数学认识与实践，2011（12）.

［26］吕承超.中国社会保障支出缩小了城乡收入差距吗——基于规模与结构的动态面板模型分析［J］.农业技术经济，2017（5）：100-112.

［27］余菊.教育投入水平与城乡收入差距关系的研究——基于我国不同省市面板数据的实证分析［J］.价格理论与实践，2013（10）：54-55.

［28］刘渝琳，陈玲.教育投入与社会保障对城乡收入差距的联合影响［J］.人口学刊，2012（2）.

西部大开发战略对收入差距的影响研究
——基于 1996—2006 年省级面板数据的实证分析

杨　丹　杨　进

内容提要：为了促进我国区域经济发展实现平衡，2000 年我国正式提出实施西部大开发战略。西部大开发战略通过实施一系列地区性的财税政策有效地促进了我国西部地区的整体经济发展，对缩小东西部差异起到了重要作用。基于 1996—2006 年中国中、西部各省城乡居民收入数据，本文采用双重差分法模型，检验西部大开发战略的实施对于西部地区城乡收入差距的效应。研究发现：西部大开发战略对缩小西部城乡收入差距具有显著作用，西部大开发战略实施 5 年时间使得西部地区的城乡收入差距缩小了约 5 个百分点。

关键词：区域经济发展政策；西部大开发；收入差距；双重差分法

一、引言

区域经济不平衡是各国经济发展过程中普遍面临的问题，为此很多国家都出台了一系列地区性财税政策来均衡区域经济发展。例如，美国从 20 世纪 30 年代就实施了针对落后地区开发的区域经济政策。改革开放 40 年来，通过一系列区域优先发展政策，东部地区发挥其自然和历史优势，经济发展已经实现了质的飞跃，但经济发展进入新的阶段，西部地区较为缓慢的发展速度成为制约我国经济发展的瓶颈。为了实现共同富裕的发展目标，促进西部地区经济高速发展，1999 年中央政府提出实施西部大开发战略，2000 年西部大开发战略正式启动。西部大开发战略作为推动区域协调发展的重要战略，实施至今已经 19 年，西部大开发战略对于缩小中西部差距起到了重要作用，但是西部大开发是否同样有助于缩小西部收入差距仍然值得深入探讨。收入作为关乎每个人切身利益的指标，评估西部大开发战略的初期效果对西部大开发战略的深入推进和制定区域发展政策具有重要作用。

作者简介：杨丹，西南财经大学财政税务学院本科生；杨进，西南财经大学财政税务学院讲师，经济学博士。

二、文献综述

学术界对于区域经济发展的研究由来已久。苟兴朝、杨继瑞（2018）从区域经济发展思想角度讨论了马克思主义经济思想与中国实际相结合的中国区域经济理论的发展。刘勇（2019）对中国在当前宏微观经济发展突破艰难的情境下，对我国区域经济协调发展从理论角度提出了四个趋势。除了理论分析外，国内对于区域经济发展的实证研究也取得了很多成果，西部大开发战略作为我国重要的区域发展政策之一，很多学者进行区域经济实证研究也都是基于这一战略。例如：刘生龙、王亚华和胡鞍钢（2009）基于省级面板数据使用系统 GMM 方法研究得出，西部大开发战略的实施使得西部地区年均经济增长率提高且促进区域经济从趋异转向收敛。王新红、邓敏、冯鑫和仲伟周（2010）通过建立西部各省经济综合指标体系对西部大开发战略实施前后西部地区经济进行衡量，得出西部大开发战略为西部地区发展构建了良好的政策环境，对西部地区经济发展具有促进作用。李国平、彭思奇、曾先峰和杨洋（2011）从经济增长质量宏观、中观、微观角度出发，研究西部大开发战略对西部地区生产效率的影响，研究表明，西部大开发战略有利于提高经济增长效率。朱成亮、岳宏志和李婷（2009）也是基于全要素生产率对西部大开发战略实施成效进行了研究，研究结果显示，西部大开发战略实施后全要素生产率的增长率反超全国平均水平及东、中部生产率的增长率，实施绩效显著。虽然西部大开发战略实施成效显著，但也有研究发现西部大开发战略的实施仍任重道远。刘瑞明、赵仁杰（2015）通过 PSM-DID 研究得出，西部大开发战略并未有效推动西部地区经济发展，存在政策陷阱。陆张维、徐丽华、吴次芳和岳文泽（2013）研究发现，西部大开发战略通过一系列财政和税收政策促进了西部经济环境和实力的改变，但与东部相比人民生活水平差距仍然较大，且西部大开发战略导致东部高污染企业向西部转移，加剧了环境污染。淦未宇、徐细雄和易娟（2011）从工业、生态以及人民生活水平角度分析发现，虽然西部大开发战略对整体经济的提升有积极作用，但因为东西部联动效应较低，因此并未改变东西部发展不均衡的地区格局。林建华和任保平（2009）利用西部地区国内生产总值、工业、基础设施建设和城乡居民收入数据研究发现，西部地区各个方面都有极大的改善，但从横向比较东西部差距仍在扩大。除了西部大开发经济效应的分析以外，西部大开发战略也是很多人研究的关注点。韩家彬、汪存华（2012）基于省级面板数据研究发现，西部大开发战略人力资本投资政策对促进西部经济增长的作用并没有显现出来。倪浩（2015）通过分析西部大开发税收政策产生的政策效应得出，西部大开发战略从经济增长率角度看促进了西部地区的发展，但由于部分税收政策并不适合，区域间绝对差距并没有拉近，所以财税政策仍然需要完善。于海峰和赵丽萍（2010）通过效应分析发现，西部大开发税收优惠政策虽然对西部发展有积极效果，但也存在政策滞后性以及扭曲效应。王培刚、周长城（2005）研究发现，1978 年以来我国区域发展差距及城乡收入差距越来越大。岳利萍和白永秀（2008）运用主成分分析法，量化分析市场政策、容量以及体制差异后发现，这些因素是影响东西部城乡居民收入差距扩大的主要原因，所以现阶段西部大开发战略更应该发挥市场的调节作用。毛其淋（2011）以泰尔指数为指标研究表明，西部大开发战略对缩小西部收入差距具有显著作用。但该文选择的以东部和中部作为对照组，以泰尔指数作为衡量收入差距的指标，模型回归过程中主要以外资、市场化程度和财政支出及社会保障比重为控制变量去检测西部大开发战略对收入差距的影响以及研究影响收入差距的机制。实际上，从历史、地理以及资源等角度来看，东部地区与西部地区相差较大。为了更加准确、直观地测度西部大开发战略对西部收入差距的影响，本文将以与西部发展历史、环境更为相似的中部地区作为对照组，将农村居民人均纯收入与城市居民人均可支配收入之比作为衡量城乡居民收入差距的指标，以人均地区生产总值、外贸依存度和财政支出直接数据为添加的控制变量，采用双重差分法，对政策实施前后西部城乡收入差距的变化进行研究。

三、政策简述及统计分析

（一）西部大开发战略初期财税政策

西部大开发战略初期财税政策简述如表 1 所示。

表 1　西部大开发战略初期财税政策简述

财政政策	政策目的	通过财政支出倾斜促进西部大开发区域基础设施建设、环境开发保护等公共服务的发展，减少西部地区因公共服务差距带来的发展限制
	主要内容 政府购买	政府购买主要包括加大对西部地区重大基础设施建设项目和公共服务建设财政投入力度，筹集专项资金支持西部重点项目，提高财政性建设资金投入西部的比例等措施
	主要内容 转移支付	转移支付主要包括加大对西部地区特别是民族地区一般性转移支付力度，促进专项资金和扶贫资金向西部地区倾斜，针对农业发展和环境保护给予财政补贴支持等措施
税收政策	政策目的	税收政策旨在通过税收优惠和减免政策扶持西部产业发展，营造良好的投资环境，吸引更多企业和外商资金投入，促进西部地区经济发展和公共服务的完善
	主要内容	2001—2010 年，通过企业所得税、增值税、农业特产税、耕地占用税以及关税等税种的优惠和减免，鼓励和扶持内资企业发展，促进交通、电力、广播等服务行业的发展，推动西部地区农业改革和环境保护，吸引外商资金的投入

（二）西部大开发财税政策绩效统计分析

政策实施之后对于政策预计目标的完成度，即对政策绩效进行评估，对后续政策的完善和改进具有重要的参考价值。西部大开发战略核心政策目标主要是从纵向时间角度促进西部地区经济的发展，从经济平衡角度要平衡东西部经济差距。所以，对于西部大开发战略的宏观绩效分析也将从纵向和横向这两个方面进行。

1. 纵向分析

GDP 是衡量地区经济规模的基本指标，能反映地区整体经济实力。如表 2 所示，1996—2006 年西部各省（区、市）GDP 一直处于增长状态。从整体增长率来看，2001 年实施西部大开发战略之后增长速度明显加快。从 1996—2006 年各省（区、市）GDP 增长率来看，各省（区、市）的增长速度都有较大的提升，其中内蒙古的 GDP 增长速度居西部各省之首。西藏的 GDP 增长速度仅次于内蒙古。云南省的 GDP 增长速度较慢。但从 GDP 数值来看，云南省的 GDP 增长率处于西部各省的前列，西藏的 GDP 水平却处于西部各省的最后。由此可见，西部大开发战略整体上促进了西部各省（区、市）的经济发展，促进了经济发展速度的提升，但因为基数差距大，所以落后省（区、市）较其他省（区、市）来说其经济仍然比较落后。

表 2　1996—2006 年东、中、西部 GDP 数据统计表

年份	GDP/亿元			GDP 增长率			
	东部	中部	西部	东部	中部	西部	东西部增长率之差
1996 年	37 384.18	17 682.8	12 295.90				
1997 年	42 636.15	20 543.13	13 645.90	13%	16%	11%	1.71%
1998 年	46 167.88	21 679.08	14 647.38	8%	6%	7%	0.94%
1999 年	49 610.95	22 588.17	15 354.02	7%	4%	5%	2.63%
2000 年	55 689.58	24 865.17	16 655.18	12%	10%	8%	3.78%
2001 年	63 610.30	26 207.84	18 735.10	14%	5%	12%	1.73%
2002 年	71 476.65	28 680.58	20 718.38	12%	9%	11%	1.78%
2003 年	82 967.41	32 590.36	23 696.31	16%	14%	14%	1.7%
2004 年	99 494.72	39 488.97	28 603.48	20%	21%	21%	−0.79%
2005 年	117 930.65	46 362.07	33 493.31	19%	17%	17%	1.43%
2006 年	137 844.20	53 682.00	39 527.14	17%	16%	18%	−1.13%

数据来源：1996—2006 年各年度《中国统计年鉴》。

2. 横向分析

从 GDP 角度衡量地区经济发展状况，除了纵向时间对比，横向地区对比也是衡量政策效应的一个很重要的方式。GDP 增长率反映的是地区经济规模扩张的速度，也是衡量地区经济发展的重要综合性指标。如图 1 所示，东、中、西部 GDP 增长率除了在 1997—1998 年有下降趋势外，整体上一直处于平稳上升的趋势。而且从曲线可以看出，自 2001 年西部大开发战略实施之后，西部的 GDP 增长率在慢慢趋近于东部，自 2004 年之后已经逐渐与东部重合甚至反超东部。

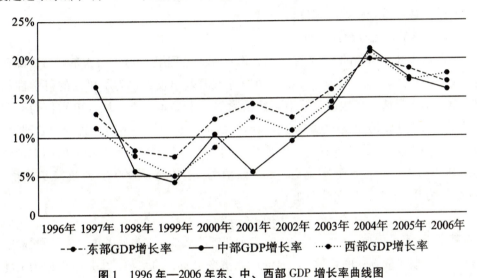

图 1　1996 年—2006 年东、中、西部 GDP 增长率曲线图

3. 统计分析结论

从绩效统计分析来看，我们可以得到以下几个结论：①西部大开发战略对于西部经济发展是有利的，很大程度上促进了西部整体地区经济的发展，一定程度上改善了西部经济状况。②西部大开发战略一定程度上缩小了东西部经济差距，西部 GDP 增长速度有了明显的提升，对于国家经济水平整体的提升有比较大的作用。但总体上东西部差距还比较大。从 GDP 数值来看，西部地区在增长速度与东部不相上下的情况下，GDP 水平与东部相比差距仍然很大，真正缩小东西部经济差距仍然任重道远。③西部经济发展的提升或者东西部经济发展速度差距的缩小比较明显的时间都是 2003 年之后，说明政策效应并不是能够立即发生，而是需要经过三四年的政策运行期。

四、模型设定与数据说明

（一）研究设计

本文研究的重点部分是西部大开发战略的实施对于缩小西部城乡收入的影响效应。西部大开发是我国从 2000 年开始实施的一项区域性政策，通过财政和税收方面一系列的政策性倾斜，相当于在西部地区进行政策实验，目的是提高西部地区经济发展能力，缩小东西部差距，突破经济发展的瓶颈，促进我国整体经济的提升。为了评价政策实施之后是否实现了政策的效应，我们需要对政策实施前后我们所要研究的问题进行面板数据分析，本文将采用双重差分法（DID）进行分析。这种方法是，首先选择一个不受政策变化影响的时期的样本作为对照组（C）；然后将政策实施之后的样本作为处理组（T），使用差分法消除无法观测的因素；最后通过对比处理组和对照组政策前后我们研究的指标变化量反映政策对处理组的净影响，最终得到政策实施效果。

（二）模型设定与数据说明

将西部大开发覆盖的 12 个省（区、市）作为处理组（T）。因为东部与西部在地理位置上距离较远且资源、环境、历史等方面差异较大，为了研究的科学性和准确性，本文只选择在地理位置上与西部紧邻的中部 8 个省（区、市）作为对照组（C），所以我们引入地区虚拟变量 west，西部大开发战略覆盖的省份为处理组，赋值为 1，中部地区设为对照组，赋值为 0。同时，以 2000 年为界引入时间虚拟变量，2000—2006 年为政策实施后，post 赋值为 1；1996—2000 年为政策实施前，post 赋值为 0。因此，建立模型如下：

$$y_{it}=\beta_0+\beta_1 west_{it}+\beta_2 post_{it}+\beta_3 west_{it}\times post_{it}+a_i+u_i \tag{1}$$

其中，i 表示区域，t 表示年份，a_i 表示非观测效应，u_i 是残差项，β_0 是常数项，β_1 是地区虚拟变量 west 的系数，β_2 是时间虚拟变量 post 的系数，β_3 是我们最为关注的交互项的系数，反映了政策变动带来的净效应。若 $\beta_3>0$，说明西部大开发财税政策实施之后东西部居民收入差距变大，若 $\beta_3<0$，说明西部大开发财税政策对缩小东西部居民收入差距有利。

根据已有的文献研究，收入差距会受到贸易开放水平（文荣光、颜冬，2017）、人口和城镇化率（宋建、王静，2019）、政府财政支出和失业率（霍炳男，2017）、财政支农和人均地区生产总值（王小鲁、樊纲，2005）等的影响，所以在研究中需要在模型中加入一些控制变量。同时为了更好地观测收入差距的变化，对因变量 y 取对数，所以方程（1）可扩展为方程（2）。

$$lny_{it}=\beta_0+\beta_1 west_{it}+\beta_2 post_{it}+\beta_3 west_{it}\times post_{it}+\beta_4 trade_{it}+\beta_5 perGDP_{it}+\beta_6 population_{it}+$$
$$\beta_7 fiscal_{it}+\beta_8 jobless_{it}+ +\beta_9 farm_{it}+\beta_{10} urbanization+a_i+u_i \tag{2}$$

其中，i 表示区域，t 表示年份，a_i 表示非观测效应，u_i 是残差项，β_0 是常数项，β_1、β_2、β_4、β_5、β_6、β_7、β_8、β_9、β_{10} 分别是各项变量的系数，β_3 是我们最为关注的交互项的系数，反映了政策变动带来的净效应。

模型中所涉及变量的解释及数据说明如表 3 所示。

表3　变量解释及数据说明

变量性质	变量名称	变量符号	变量定义
因变量	城乡收入差距	y_{it}	城市居民人均可支配收入/农村居民人均纯收入，用来衡量城乡收入差距
自变量	地区虚拟变量	$west_{it}$	西部大开发覆盖区域赋值为1，中部地区赋值为0，用来区分政策覆盖区域
	时间虚拟变量	$Post_{it}$	1996—2000年赋值为0，2000—2006年赋值为1，用来区分政策实施时间前后
	贸易开放水平	$trade_{it}$	一个地区进出口总额/地区生产总值，用来衡量地区经济开放水平
	人均地区生产总值	$perGDP_{it}$	将一个地区核算期内实现的国内生产总值/这个地区的常住人口，用来衡量地区人民生活水平
	人口	$population_{it}$	一个地区常住人口
	政府财政支出	$fiscal_{it}$	政府为履行其自身的职能，对其从私人部门集中起来的以货币形式表示的社会资源的支配和使用
	失业率	$jobless_{it}$	一定时期满足全部就业条件的就业人口中仍未有工作的劳动力数字
	财政支农	$farm_{it}$	财政支农资金，反映政府对农业的重视程度
	城市化率	$Urbanization_{it}$	非农业人口/总人口，反映地区城市化程度

数据说明：①本文研究中所使用的原始数据均从1996—2006年各年度《中国统计年鉴》、1996—2006年各年度各省统计年鉴、国家统计局官网以及地方统计局官网获得。②因为西藏地区数据的不完整，所以本模型回归中剔除了西藏的数据。③本文所研究的西部地区包括重庆、四川、贵州、云南、西藏、陕西、甘肃、宁夏、青海、新疆、广西、内蒙古等12个西部大开发战略覆盖的省、自治区、直辖市；中部地区包括山西、吉林、黑龙江、安徽、江西、河南、湖北、湖南8个省。④为了方便统一和研究，本文模型中的变量人口、城市化率所使用的人口数据均是常住人口数据；根据国家统计年鉴解释，人均地区生产总值使用的人口数据是根据户籍人口计算的。⑤本文所采用的财政支农资金数据，1997—2002年的财政支农为支援农村生产支出、农业综合开发支出和农林水利气象等部门的事业费支出三者之和；2003—2006年的财政支农为农业支出林业支出和农林水利气象等部门的事业费支出三者之和。为了数据的统一和准确，本模型回归中所使用的失业率数据来自各省统计年鉴的城镇失业率。

本文共计209组数据，数据特征基本描述如表4所示。

表4　变量描述性统计

变量名称	样本容量	均值	标准差	最小值	最大值
收入差距	209	3.068	0.638	1.727	4.759
外贸依存度	209	0.091	0.036	0.032	0.25
人均地区生产总值	209	6 873.662	3 095.366	2 048	20 047
人口	209	4 062.363	2 301.35	488	9 717
财政支出	209	379.017	259.421	29.52	1 440.088
城市化率	209	0.328	0.094	0.139	0.542
失业率	209	3.701	0.841	1.7	7.4
财政支农	209	30.358	21.628	3.02	113.148

五、实证分析结果

（一）模型回归结果分析及变量分析

1. 模型回归结果分析

将城乡收入之比作为衡量收入差距的指标，使用双重差分法（DID）对模型设定中的方程（1）、方程（2）进行回归分析，模型回归结果如表5所示，其中模型（1）是没有加入任何控制变量的回归结果，从结果中可以看出，交互项的系数显著小于0，说明西部大开发战略对于缩小西部收入差距有积极的作用。同时，为了估计结果的科学性，我们在模型（2）、模型（3）、模型（4）、模型（5）、模型（6）、模型（7）、模型（8）中逐渐加入了控制变量来验证回归结果的稳健性，从回归结果中我们可以看出，随着控制变量的逐渐加入，交互项的系数符号的显著性水平并没有发生本质上的改变，说明模型评价方法和指标解释能力比较稳健。

表5　模型回归结果

变量名称	模型（1）	模型（2）	模型（3）	模型（4）	模型（5）	模型（6）	模型（7）	模型（8）
交互项	−0.047 4 ***	−0.053 3 ***	−0.048 7 ***	−0.048 8 ***	−0.059 3 ***	−0.056 2 ***	−0.055 2 ***	−0.059 3 ***
	−0.016 1	−0.016	−0.016	−0.016	−0.016 4	−0.016 5	−0.017 4	−0.018 1
贸易开放水平		−0.618 ***	−0.627 ***	−0.638 ***	−0.675 ***	−0.827 ***	−0.832 ***	−0.799 ***
		−0.226	−0.224	−0.224	−0.222	−0.242	−0.244	−0.247
人均地区生产总值			9.41e−06 *	9.46e−06 *	1.12e−05 **	8.91e−06 *	8.84e−06 *	8.80e−06 *
			−4.83E−06	−4.83E−06	−4.82E−06	−5.01E−06	−5.04E−06	−5.05E−06
人口				3.75E−05	1.45E−05	8.43E−06	8.33E−06	1.71E−05
				−4.52E−05	−4.56E−05	−4.56E−05	−4.57E−05	−4.70E−05
政府财政支出					−0.000 125 **	−0.000 107 **	−0.000 109 **	−0.000 151 **
					−5.21E−05	−5.31E−05	−5.40E−05	−7.49E−05
城市化率						−0.289	−0.29	−0.284
						−0.184	−0.185	−0.186
失业率							0.001 17	0.000 835
							−0.006 69	−0.006 71
财政支农资金								0.000 653
								−0.000 806
地区效应	control	control	control	control	control	control	control	control
时间效应	control	control	control	control	control	control	control	control
常数项	0.869 ***	0.922 ***	0.880 ***	0.761 ***	0.843 ***	0.974 ***	0.972 ***	0.941 ***
	−0.021 4	−0.028 7	−0.035 8	−0.147	−0.149	−0.17	−0.171	−0.176
观测值	209	209	209	209	209	209	209	209
R-squared	0.782 7	0.791 5	0.795 9	0.796 6	0.803 1	0.805 8	0.805 9	0.806 6

注：第一，模型（1）反映了不加任何控制变量时，西部大开发战略对西部收入差距的影响；第二，模型（2）、模型（3）、模型（4）、模型（5）、模型（6）、模型（7）、模型（8）反映了逐渐加入控制变量时，西部大开发战略对西部收入差距的影响；第三，***、**、* 分别表示在1%、5%和10%的显著性水平上显著；第四，以上模型都包含了地区和时间的固定效应。

从具体的系数数值来看，交互项系数是我们要研究关注的核心，反映了西部大开发战略的实施对于缩小西部收入差距的净效应。从表5可以看出，交互项系数始终维持在-0.047 4~-0.059 3之间，且均在1%的显著性水平上显著，说明2000年之后西部地区城乡居民收入差距相对于中部城乡收入差距来说更小；西部大开发战略使得西部地区城乡收入差距变化幅度与中部相比平均降低了约5.4%，说明在西部大开发初期，西部大开发战略有利于缩小西部收入差距，促进西部地区的收入平衡，实现了其政策目标。

2. 控制变量分析

从模型（8）中加入的控制变量的系数我们可以看出：

第一，贸易开放水平在1%的显著性水平上对收入差距具有显著的负效应，即贸易开放水平的提升有助于缩小西部地区收入差距。因为贸易开放环境吸引了很多外部资金和外资企业，为农村剩余劳动力提供了就业机会，所以增加了居民收入，缩小了收入差距。

第二，人均地区生产总值系数在10%的显著性水平上显著为正，说明人民生活水平越高的地方收入差距会越大；人均国内生产总值越高，说明一个地区越富裕。一个地方富裕程度的提高首先带来的是城镇居民的收入增加，所以在一定程度上会带来收入差距的扩大。

第三，政府财政支出在5%的显著性水平上对收入差距有负效应，说明政府在财政支出上的倾斜有利于缩小一个地方的收入差距。因为政府财政支出主要包括政府购买和转移支付、公债利息等方面。政府购买会改善整体的经济环境、提供更多的工作和就业机会，而转移支付为低收入群体提供了社会保障。

（二）共同趋势检验与安慰剂检验

为了对比控制组和对照组的发展趋势，我们对模型进行共同趋势检验，检验结果如图2所示。其中，纵坐标代表收入差距，横坐标代表年份，middle表示中部地区，west表示西部地区。从图2中我们可以看出：1996—2006年，中、西部收入差距都在逐渐上升，2000年之前中西部地区收入差距上升呈平行趋势，2000年之后西部地区收入差距变化逐渐趋于平缓。

为了进一步检验本文DID模型的稳健性，我们对估计做安慰剂检验。具体而言，我们假设西部大开发战略提前至1998年开始在西部地区实施，并将西部地区作为处理组、中部地区作为对照组，重新估计双重差分模型。表6显示，交叉项的系数并不显著，表明本文的估计模型具有较高的稳健性。

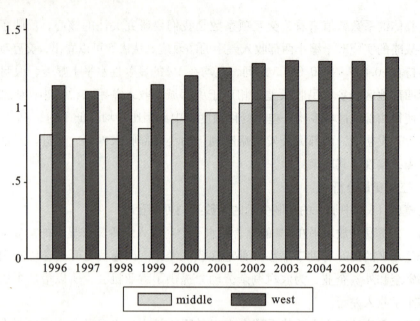

图 2　共同趋势检验图

表 6　安慰剂检验

变量名称	（1）	（2）
	lny	lny
交叉项	−0.005 68 （0.019 3）	−0.011 1 （0.024 3）
外贸依存度		0.144 （0.435）
人均地区生产总值		−1.25e−05 （6.31e−05）
人口		−2.43e−05 （0.000 292）
财政支出		0.000 331 （0.000 439）
城市化率		−0.563 （0.582）
失业率		−0.005 46 （0.007 93）
财政支农资金		0.002 53 （0.002 73）
常数项	0.997*** （0.041 9）	1.100 （1.110）
观测值	76	76
观测省份数	19	19

六、结论与启示

2000 年西部大开发战略实施以来，西部地区的整体经济得到了很大的发展，继而使得地区生产总值增加。双重差分法得到的检测结果显示，西部地区相较于中部而言，城乡收入差距缩小。此外，贸易开放水平、人均地区生产总值以及政府财政支出对城乡收入差距具有显著作用。据此，我们可以得到以下几点启示：

第一，西部大开发战略有助于改善西部地区经济发展落后的状况，有利于促进西部地区整体经济的发展和城乡收入差距的缩小，所以西部大开发战略应该长期实行。

第二，西部地区因为历史和地理原因，贸易开放水平较低，所以为了更好地促进西部地区经济发展和收入平衡，西部大开发战略的后续实施不仅要注重财政转移支付，而且要增加政府购买比重，推进西部地区基础设施和公共服务建设，改善西部发展环境。另外，西部地区自身也要积极发挥本地的经济和资源优势，抓住"一带一路"机遇，促进对外贸易的发展，提高贸易发展水平，吸引外资的投入，提供更多的就业机会，吸引人才。

第三，政府要加大财政支出力度，推进西部地区基础设施建设和公共服务，优化投资环境，提高地区自身的资金吸引力；同时，财政补贴要向西部倾斜，完善西部社会保障体制，为低收入人群提供一定的收入保障。

参考文献：

［1］宋建，王静. 区域城乡收入差距的动态收敛性与影响因素探究［J］. 经济经纬，2019，36（1）：18-25.

［2］刘勇. 2019 年中国区域经济协调发展有四大趋势［N］. 中国经济时报，2019-03-01（009）.

［3］苟兴朝，杨继瑞. 从"区域均衡"到"区域协同"：马克思主义区域经济发展思想的传承与创新［J］. 西昌学院学报（社会科学版），2018，30（3）：17-22.

［4］刘雪燕，季永宝，刘廷华. 区域政策对企业间工资差距的影响——以西部大开发政策为例［J］. 上海经济，2018（5）：54-70.

［5］霍炳男. 中国城乡居民收入差距影响因素的实证检验［J］. 统计与决策，2017（4）：110-112.

［6］廉超. 财政支出结构对中国城乡收入差距的影响研究［J］. 改革与战略，2017，33（5）：56-60.

［7］文荣光，颜冬. 贸易开放和产业结构对城乡收入差距的影响研究［J］. 河海大学学报（哲学社会科学版），2017，19（2）：33-38，90.

［8］杨庆育. 我国西部开发政策轨迹及其效应［J］. 改革，2016（5）：6-24.

[9] 刘瑞明,赵仁杰.西部大开发:增长驱动还是政策陷阱——基于PSM-DID方法的研究 [J].中国工业经济,2015(6):32-43.

[10] 倪浩.西部大开发财税政策的效应分析及调整对策研究 [D].昆明:云南大学,2015.

[11] 陆张维,徐丽华,吴次芳,等.西部大开发战略对于中国区域均衡发展的绩效评价 [J].自然资源学报,2013,28(3):361-371.

[12] 韩家彬,汪存华.财政政策影响区域经济增长的实证研究——以西部大开发投资政策为例 [J].经济与管理,2012,26(2):76-79.

[13] 李永红,李国淮.对深入实施西部大开发战略财税政策的思考 [J].经济研究参考,2012(53):32-36.

[14] 肖育才.西部大开发税收优惠政策评价及未来取向 [J].财经科学,2012(3):85-92.

[15] 王辉.中国地区间税收与税源非均衡性问题对策研究 [D].沈阳:辽宁大学,2012.

[16] 毛其淋.西部大开发有助于缩小西部地区的收入不平等吗——基于双倍差分法的经验研究 [J].财经科学,2011(9):94-103.

[17] 李国平,彭思奇,曾先峰,等.中国西部大开发战略经济效应评价——基于经济增长质量的视角 [J].当代经济科学,2011(4):1-10.

[18] 淦未宇,徐细雄,易娟.我国西部大开发战略实施效果的阶段性评价与改进对策 [J].经济地理,2011,31(1):40-46.

[19] 王新红,邓敏,冯鑫,等.西部12省市经济发展的综合评价——"西部大开发战略"实施10年前后的对比研究 [J].人文地理,2010,25(4):97-100.

[20] 于海峰,赵丽萍.西部大开发税收优惠政策的效应分析及对策 [J].税务研究,2010(2):26-30.

[21] 刘生龙,王亚华,胡鞍钢.西部大开发成效与中国区域经济收敛 [J].经济研究,2009,44(9):94-105.

[22] 朱承亮,岳宏志,李婷.基于TFP视角的西部大开发战略实施绩效评价 [J].科学学研究,2009,27(11):1662-1667.

[23] 林建华,任保平.西部大开发战略10年绩效评价:1999—2008 [J].开发研究,2009(1):48-52.

[24] 岳利萍,白永秀.从东西部地区差距评价西部大开发战略实施绩效——基于主成分分析法的视角 [J].科研管理,2008,29(5):84-88.

[25] 王培刚,周长城.当前中国居民收入差距扩大的实证分析与动态研究——基于多元线性回归模型的阐释 [J].管理世界,2005(11):34-44,171-172.

[26] 王小鲁,樊纲.中国收入差距的走势和影响因素分析 [J].经济研究,2005(10):24-36.

［27］贾英姿. 西部大开发战略中的税收政策［J］. 税务研究，2002（7）：52-53.

［28］陈计旺. 财政地区政策与区域经济协调发展［J］. 生产力研究，2001（Z1）：87-88,91.

［29］丛明. 实施西部大开发战略的财税政策取向［J］. 税务研究，2000（8）：3-7.

［30］张曙光，赵农. 寻求公平与效率的统一西部大开发战略评析［J］. 管理世界，2000（6）：25-33.

纵向财政不平衡与城乡收入分配
——基于 2004—2014 年省级面板数据的研究

代介波　　李雨晴

内容提要： 本文对 2004—2014 年省级面板数据进行了实证分析，结果显示，纵向财政不平衡会拉大城乡收入差距。同时，对我国分区域的实证研究表明，纵向财政不平衡对中国东、中、西部存在着不同程度的影响。纵向财政不平衡对东部地区的影响较大，对中西部地区的影响小于东部地区。

关键词： 纵向财政不平衡；收入分配；城乡收入差距

一、引言及文献综述

改革开放后，我国经济快速发展的同时，城乡收入差距也在不断地扩大，关于城乡收入差距不断扩大的原因，现有文献大多集中于城市化、经济增长、开放程度、金融发展以及人力投资等原因（陆铭、陈钊，2004；刘玉光等，2013；欧阳志刚，2014；武小龙、刘祖云，2014）。在众多的影响因素中，大量研究表明，政府的政策倾向起了重要的作用（陆铭、陈钊，2004）。我国从 1994 年实行分税制改革以来，财政收入大量向中央集中，而地方财政收入则相对不足。地方政府由于承担着大量的事权，因而在支出上，地方的支出远大于其收入，这就造成了纵向财政不平衡（vertical fiscal imbalance，VFI）。在纵向财政不平衡的条件下，政府行为必然对城乡收入差距有着非常重要的影响。本文试图从财政收支不平衡的角度，考察地方纵向财政不平衡与城乡收入分配差距的关系。

对于纵向财政不平衡，学界的研究大多集中于对纵向财政不平衡的衡量和测度上，关于纵向财政不平衡的经济影响的相关研究很少。在对纵向财政不平衡的经济影响的研究上，国外学者 Luc Eyraud 和 Lusine Lusinyan（2013）研究认为降低纵向财政不平衡的程度能提高政府财政政策的产出效果；Osvaldo Meloni（2016）则指出，在纵向财政不平衡的条件下，政府支出和政府结构会发生改变，从而使

作者简介：代介波，西南财经大学财税学院硕士研究生；李雨晴，西南财经大学财税学院硕士研究生。

政治投机更有利可图。随着近些年地方政府赤字与地方债务问题的愈发严重，国内对纵向财政不平衡的研究也在增加。罗伟卿（2009）和刘成奎（2015）研究发现，我国不同地区纵向财政不平衡的情况对教育有不同的影响。王华春等人（2016）通过分析我国除港澳台以外的 31 个省级面板数据指出，分税制下的纵向财政失衡与土地财政有着显著的正相关关系。顾程亮、李宗尧和成祥东（2016）指出，纵向财政不平衡对区域生态效率的影响在经济发展水平和基础设施完善程度不同的地区有着不同的影响。

当前对于城乡收入差距影响因素的研究，国内研究文献非常丰富，相关研究相对也比较成熟。国内对于收入差距的研究，大致可以分为三类：一是注重从整体上分析城乡收入差距的影响因素，研究从经济因素、经济开放程度、金融发展、人力资源、政府政策等角度出发，从整体层面分析各个因素对城乡收入差距的影响（武小龙、刘祖云，2014）。二是侧重对某一相关因素的考察，有的集中研究城市化与城乡收入差距的关系（郭军华，2009；毛其淋，2011），有的集中分析金融发展与收入分配的关系（张立军等，2006），也有的重点探讨人力资源对城乡收入差距的影响（陈斌开等，2010）。三是注重从库兹涅茨倒"U"形假说出发研究我国城乡收入差距是否已经进入拐点以及对缩小城乡收入差距的路径探讨（丁志国等，2011）。

对于纵向财政失衡如何影响城乡收入差距，当前的研究大多集中于研究单独的财政收入和支出对城乡收入差距的影响，基本没有考察纵向财政失衡对城乡收入差距的影响的相关研究。徐鹏等人（2008）通过分析重庆市的经济数据，认为财政支出有利于缩小收入差距，财政收入是扩大收入差距的影响因素。刘建民等人（2015）基于全国 29 个省级面板 SVAR 的分析，认为财政政策的收支效应在不同地区影响不同，财政收支政策是收入差距的格兰杰原因，但是两者的效果不明确。廉超（2017）研究认为，财政支出结构对城乡收入差距存在着影响，教育支出、科学技术、医疗卫生、交通运输等支出的变化对收入差距影响显著。

通过梳理纵向财政不平衡、城乡收入差距以及财政收支对收入差距的相关研究，笔者认为，从财政收支对收入差距的效应以及纵向财政不平衡对收入再分配的影响来分析，以纵向财政不平衡的角度来考察对收入分配差距的关系，不失为一个可行的研究角度，而且当前研究中关于纵向财政不平衡对收入差距影响的研究还是空白，因此本文以此为切入点，选取了 2004—2014 年全国 29 个省级面板数据进行分析，考察纵向财政不平衡与收入分配的关系，试图探析纵向财政不平衡对城乡收入差距的影响。

二、我国纵向财政不平衡与城乡收入差距状况的区域情况与内在机制分析

（一）东、中、西部的城乡收入差距状况

改革开放后，我国经济得到了快速发展，经济的飞速进步也带动了我国城市化的进程。与此同时，城乡收入差距也在不断扩大。从图 1 来看，我国东、中、西部三大地区城乡居民收入差距变化大致呈现出相同的趋势，改革开放到 1983 年我国有过短暂的城乡居民收入差距缩小的时期，而 1984 年以后城乡居民收入差距持续扩大，至 1994 年城乡居民收入差距达到顶峰后又有所降低，1997 年起城乡居民收入差距又迅速扩大，直到 2010 年以后，各地区的城乡居民收入差距逐步呈现出缩小的趋势。虽然城市地区因为其拥有政策和资源优势，城市居民收入往往能享受更稳定的收入来源和更好的社保条件，城市居民的收入普遍高于农村，但是经过多年的发展，我国城乡居民收入差距正在逐渐缩小。就地区而言，西部地区城乡居民收入差距最大，中部地区城乡居民收入差距次之，东部地区城乡居民收入差距最小。

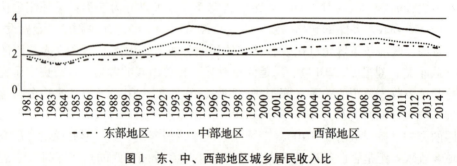

图 1　东、中、西部地区城乡居民收入比

（二）东、中、西部的纵向财政不平衡状况

纵向财政不平衡的原因是由于地方事权过多，而相对应的收入不足。通过计算 1981 年以来我国东、中、西部三大区域财政收入与财政支出的比值[①]，我们可以看出，东部地区在 1994 年分税制改革之前一直是处于正向的财政不平衡状态，在 1994 年之后，东部地区则变为负向的财政不平衡状态。中部和西部地区则一直处于负向的财政不平衡状态，且 2001 年之后，各地区纵向财政不平衡的状况一直相对比较稳定，东部地区大多在 0.75 左右，中部地区则在 0.45 左右，西部地区为 0.35。总体来看，西部地区纵向财政失衡的程度最严重，其次是中部地区，东部地区纵向财政失衡的程度最低。

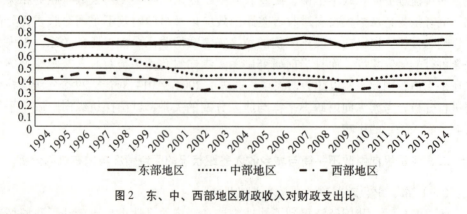

图 2　东、中、西部地区财政收入对财政支出比

---

① 根据江庆（2007）的定义，该比值小于 1 时为正向的财政不平衡，大于 1 时为负向的财政不平衡。

　　进一步观察我们可以看出，东、中、西部三大地区中，纵向财政不平衡程度较轻的东部地区，其收入差距相对较小，相反，西部地区纵向财政不平衡衡程度严重，而收入差距也最大。同时，在城乡收入差距缩小的1994—1997年，各地区纵向财政不平衡程度也在减轻。同样，2010年之后城乡收入比下降，而财政收入支出比也有上升。我们做出1994年以来以比值描述的东、中、西部地区财政不平衡程度与城乡收入差距的散点图（见图3），这一关系变得更加明显而直观。

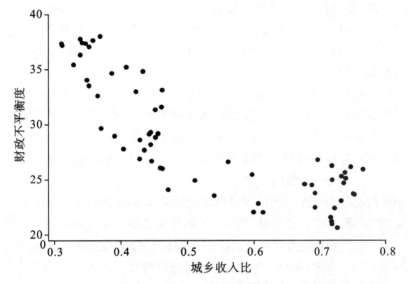

图3　东、中、西部地区财政不平衡程度与城乡收入差距的散点图

　　通过以上分析可知，纵向财政不平衡与城乡收入差距存在着正相关的关系。纵向财政不平衡越严重，城乡收入差距越大，而且，我国东、中、西部地区纵向财政不平衡程度不同，因此纵向财政不平衡对每个地区城乡收入差距的影响也不同。纵向财政不平衡对东部地区影响最大，中部地区次之，西部地区最小。

　　接下来我们将通过实证分析来检验我们的假设。

三、纵向财政不平衡对城乡收入差距的实证分析

（一）计量模型设定和变量选取

　　为了分析纵向财政不平衡对我国城乡收入差距的影响，参考陆铭和陈钊（2004）、武小龙和刘祖云（2014）对于城乡收入差距的研究方法，我们建立如下面板模型对此进行分析：

$$TL_{it} = C + \gamma_i + \beta \cdot CVI_{it} + \sum_j \alpha_j \cdot D + \varepsilon_{it}$$

　　式中，下标 it 表示第 i 时期的第 t 省区，C 为截距项，β 为纵向财政不平衡的影响系数，D 为一系列的控制变量，α_j 为各控制变量的系数，γ_i 为个体效应，ε_{it} 为残差项。

　　各变量的含义如下：

被解释变量（*TL*）：

对于城乡收入差距的衡量，学界常用的指标主要是基尼系数、泰尔指数和城乡收入比。这三种方式各有优劣。本文中，我们借鉴欧阳志刚（2014）、武小龙和刘祖云（2014）的研究方法，采用泰尔指数作为衡量城乡收入差距的指标。

$$TL_{it} = \sum_{j=1}^{2} (\frac{R_{ijt}}{R_i}) \ln(\frac{R_{ijt}}{R_{it}} / \frac{P_{ijt}}{P_{it}})$$

式中，TL_{it} 表示 i 地区 t 时期的泰尔值。其中，$j=1$ 和 $j=2$ 分别表示城市和农村，R_{ijt} 表示 t 时期 i 地区城市或农村地区的总收入，R_{it} 表示 t 时期 i 地区的总收入，P_{ijt} 表示 t 时期 i 地区城市或农村地区的总人口，P_{it} 表示 t 时期 i 地区的总人口。

解释变量（*CVI*）：

对于纵向财政不平衡的定义，目前学界没有统一的定义。Hunter（1977）认为，如果中央和地方各自"控制"的收入不能满足其支出需求，则是纵向财政不平衡。国内学者江庆（2009）认为，纵向财政不平衡是指在多层级政府下，中央和地方政府存在着各自相对应的收入和支出，当各级政府的收入无法弥补各自的支出时，则认为政府处于纵向财政不平衡。

对于纵向财政不平衡的测量，学界常用的是 Hunter 的测量方法，用在地方政府的总支出中扣除其中自己不能"控制"部分所占的比重来测度，这一比值即为财政不平衡系数。根据地方政府自己不能"控制"的收入的组成不同，*CVI* 有三种不同的测量方法。参考 Hunter 的方法，我们将财政收支失衡定义为地方政府所有收入中扣除中央对各省净补助的部分。即

$$CVI = 1 - \frac{G}{R}$$

式中，G 表示中央对各省的净补助，R 表示各省的总收入。

控制变量（*D*）：综合现有文献中对城乡收入差距的研究，我们在分析中加入以下控制变量：

城市化率（*Ur*）：城市化率为城镇人口占总人口的比重。大量相关文献研究表明，城市化是影响城乡收入分配非常重要的因素，具体的效应不同研究得出的结论也不同。陆铭和陈钊（2004）、武小龙和刘祖云（2014）的研究都认为城市化在缩小城乡收入差距中发挥重要的作用，而周峰和徐翔（2006）的研究则认为城市化拉大了城乡收入差距。

经济发展因素（*Gdp*）：经济发展是影响城乡收入差距的重要变量之一。参考刘玉光等人（2013）的研究，以人均 GDP 值的对数来衡量地区经济发展水平。经济发展对城乡收入差距的效应也不明确，原因在于经济发展对城乡收入差距的影响存在一种倒"U"形的关系，因此目前基于不同角度的研究结论不一致。我们参考周云波（2009）和何枫（2009）的研究，结合上述的经验分析来看，将人均 GDP 对数的平方作为控制变量之一，以反映经济发展对城乡收入差距的倒"U"形的影响。

金融发展程度（*Fr*）：金融机构存贷款余额占 GDP 的比重。金融发展对于城乡收入差距也发挥着重要的影响。不同的学者对金融发展对城乡收入差距的影响看法也不相同，刘玉光等人（2013）研究认为金融发展会扩大城乡收入差距，陆铭和陈钊（2004）研究认为金融发展程度对城乡收入差距的影响不大。

地区开放程度（*Exp*）：地区开放程度也是影响城乡收入差距的重要变量之一（武小龙、刘祖云，2014）。我们以地区当年人民币对美元的平均汇率折算的进出口总额占 GDP 的比重来衡量地区开放程度。现有文献研究表明，地区开放程度越高，城乡收入差距越大。

人力因素（*Hr*）：参考李秀敏（2007）的研究，我们采用"平均受教育年限水平"来表示。其计算方法为：Hr=未受过教育人口比重×2 年+小学教育人口比重×6 年+初中教育程度人口比重×9 年+高中教育程度人口比重×12 年+大专及其以上教育程度人口比重×16 年。主要统计的是全国 6 岁及其以上人口受教育年限。人力因素对城乡收入差距的影响，学界研究结论比较统一，一般都认为人力资源的积累对于缩小城乡收入差距发挥着重要的作用。

（二）数据来源与描述性统计分析

本文所有数据均根据相关统计资料整理而得。各省城乡收入数据来源于《中国农村统计年鉴》，城乡人口数据、人口受教育年限数据来源于《中国人口年鉴》，历年财政收支的数据以及人均 GDP 数据来源于中经网统计数据库，各省具体财政支出数据、进出口总额、金融机构存贷款余额来源于《中国统计年鉴》和各地区年鉴。据此，建立了一个包含全国 31 个（不含港澳台）省级区域、时期跨度为 11 期（2004—2014 年）的面板数据。各变量的描述性统计如表 1 所示。

表 1　各变量的描述性统计结果

变量符号	平均值	最大值	最小值	标准差	观察值
TL	0. 129 046	0. 276 893	0. 015 834	0. 054 562 4	308
CVI	0. 501 668 8	0. 969	0. 059	0. 200 822 9	308
Ur	0. 502 647 3	0. 896 066	0. 148 863	0. 148 299	308
GDP	10. 024 13	11. 431 66	8. 251 141	0. 661 455 5	308
Fr	2. 587 654	7. 302 485	0. 470 041	1. 056 532	308
Hr	8. 745 707	12. 061 76	6. 737 5	0. 925 358 2	308
exp	0. 348 096	1. 721 482	0. 035 72	0. 428 860 9	308

（三）数据检验与模型估计

本文主要运用 Stata12. 0 软件进行数据的统计检验。对面板数据的估计，我们采用 Hausman 检验方法来选择具体的估计模型，检验结果表明应采用固定效应模型来进行分析。考虑到中部地区省份相对较少，从而影响模型估计的准确性，我们在对我国地区差异进行分析时，将中西部地区合并在一起进行估计。具体的估计结果如表 2 所示。

表 2　面板模型估计结果

变量符号	全国	东部	中西部
CVI	0.061 76 ** (0.014)	0.068 0 ** (0.041)	0.053 3 ** (0.044)
Ur	0.108 17 *** (0.002)	0.122 4 *** (0.004)	0.092 5 *** (0.009)
Gdp	0.488 4 *** (0.000)	0.686 0 *** (0.000)	0.451 9 *** (0.000)
Gdp^2	−0.025 16 *** (0.000)	−0.035 9 *** (0.000)	−0.024 0 *** (0.000)
Fr	−0.012 68 ** (0.024)	−0.036 25 *** (0.000)	−0.031 4 *** (0.000)
Exp	−0.060 08 *** (0.000)	−0.061 7 *** (0.004)	−0.071 3 *** (0.000)
Hr	−0.032 5 *** (0.000)	0.022 66 * (0.087)	0.000 227 (0.980)
R^2	0.399	0.492	0.555
F	19.10	5.73	8.84

注：***、**、* 分别表示在 1%、5% 和 10% 的水平下显著。

（四）数据结果分析

从模型计量结果，我们可以看出：

解释变量：从全国来看，纵向财政不平衡度对城乡收入差距的影响因子在 5% 的水平上显著，具有正向效应。这表明，纵向财政不平衡程度越高，城乡收入差距越大。分地区来看，东部和中西部回归的结果也在 5% 的水平上显著，从二者的回归结果来看，纵向财政不平衡对东部地区的影响大于中西部地区。这表明，经济越发达的地区，纵向财政失衡对收入差距的影响越大。

其他控制变量：城市化对城乡收入差距是正向效应，这与周峰和徐翔（2006）的研究相符合。人力资本发展的效应为负，符合陆铭、陈钊（2004）和武小龙、刘祖云（2014）的研究结论。金融发展和经济开放程度对城乡收入差距是负向效应。这同现有研究结论不一致。但刘玉光（2013）在研究金融发展对城乡收入影响时加入更多控制变量情况下确实呈现出负向效应。

（五）纵向财政不平衡对收入差距影响的原因

第一，纵向财政不平衡削弱了再分配政策的调节能力。Bouton 等人（2008）认为，政府纵向财政不平衡的程度与调节收入不平等的再分配政策的效果会显著降低。在纵向财政失衡的情况下，一方面，如果存在中央的预算软约束，则地方政府会继续增加自身的支出，产生"公共池塘"的问题，中央会削减自身的支出或者发债满足地方的发展需求，由此带来的地方政府的收入增加会影响现有的分配政策，中央政策的调控能力会被削弱，从而影响中央转移支付的调控能力，削弱中央转移支付平衡经济发展，降低区域收入差距的政策作用。另一方面，如果中央政府不给予补助，地方政府将会增加税收，从而影响地区间的收入分配。

第二，纵向财政不平衡影响政府的支出行为。罗伟卿（2009）在分析纵向财政不平衡对教育的影响时认为，当政府处于财政不平衡的状态时，政府会有减少教育等非生产性的支出的倾向。缩小城乡差距，农村发展需要较多的基础设施建设以及就业培训、扶贫等支出，在中央赋予地方事权较多、政府出现财政不平衡的状态，而又不允许地方发债增加收入的情况下，政府会压缩对农村地区发展的投资，主要是因为这些投资在短期内不会有明显的产出。在纵向财政不平衡的情况下，政府支出的城市化倾向会更加明显。

第三，纵向财政不平衡引起的资源扭曲性配置。同等事权下，在财政收入较多的地区，财政不平衡的情况不突出，政府能更好地调控经济，从而进一步促进地区发展；而纵向财政不平衡的地区因为政府收入不足，财政支出的偏向难以平衡经济结构，从而进一步削弱地区发展的后劲。政府如果通过调控，将发达地区的收入转移给欠发达地区，又会削弱发达地区经济增长的动力，这种由于纵向财政不平衡带来的扭曲性资源配置，也会拉大城乡发展的收入差距。

四、结论与政策建议

本文研究的结论表明：一是纵向财政不平衡与城乡收入差距之间存在着正向关系，各级政府间的纵向财政不平衡会拉大我国城乡收入的差距；二是纵向财政不平衡对城乡收入差距的影响在不同地区影响程度不同，对中西部地区的影响程度小于东部地区。

基于此，笔者认为从财政失衡的角度来缩小城乡收入差距，可以采取以下政策措施：首先，国家应当对各级政府间财政不平衡的状况引起重视，采取措施努力缓解我国各级政府间财政不平衡的状况。其次，鉴于中部和东部地区城乡收入差距对财政不平衡程度更为敏感，应该进行相应的体制改革；同时，进一步发挥转移支付平衡财政收支的作用，缓解中部地区的财政失衡状况，避免纵向财政失衡进一步拉大城乡收入差距，阻碍地区经济进一步发展。

参考文献：

[1] 陆铭，陈钊.城市化、城市倾向的经济政策与城乡收入差距 [J].经济研究，2004（6）：50-58.

[2] 刘玉光，杨新铭，王博.金融发展与中国城乡收入差距形成——基于分省面板数据的实证检验 [J].南开经济研究，2013（5）：50-59.

［3］欧阳志刚.中国城乡经济一体化的推进是否阻滞了城乡收入差距的扩大［J］.世界经济，2014（2）：116-135.

［4］武小龙，刘祖云.中国城乡收入差距影响因素研究——基于2002—2011年省级Panel Data的分析［J］.当代经济科学，2014（1）：46-54，125-126.

［5］LUC EYRAUD，LUSINE LUSINYAN. Vertical fiscal imbalances and fiscal performance in advanced. economies［J］. Journal of Monetary Evonomics，2012（3）：31-38.

［6］OSVALDO MELONI. Electoral opportunism and vertical fiscal imbalance［J］. Journal of Applied Economics，2016，19（1）.

［7］江庆.中央与地方纵向财政不平衡的实证研究：1978—2003［J］.财贸研究，2006（2）：78-84.

［8］罗伟卿.财政分权及纵向财政不平衡对中国基础教育质量的影响［J］.清华大学学报（哲学社会科学版），2009（S1）：13-20.

［9］刘成奎，柯鐾.纵向财政不平衡对中国省际基础教育服务绩效的影响［J］.经济问题，2015（1）：7-14.

［10］王华春，林志清，玛尔哈巴·肖开提.纵向财政失衡、土地财政与地方债务危机——基于2001—2012年省级政府面板数据模型的实证检验［J］.新疆社会科学，2016（3）：23-29.

［11］顾程亮，李宗尧，成祥东.财政相对收支对区域生态效率的影响——基于纵向财政不平衡和地方财政支出规模的视角［J］.地方财政研究，2016（4）：46-55.

［12］郭军华.中国城市化对城乡收入差距的阈值效应——基于我国省际面板数据的实证研究［J］.山西财经大学学报，2009，31（11）：23-29.

［13］毛其淋.经济开放、城市化水平与城乡收入差距——基于中国省际面板数据的经验研究［J］.浙江社会科学，2011（1）：11-22，155.

［14］张立军，湛泳.金融发展影响城乡收入差距的三大效应分析及其检验［J］.数量经济技术经济研究，2006（12）：73-81.

［15］陈斌开，张鹏飞，杨汝岱.政府教育投入、人力资本投资与中国城乡收入差距［J］.管理世界，2010（1）：36-43.

［16］丁志国，赵晶，赵宣凯，等.我国城乡收入差距的库兹涅茨效应识别与农村金融政策应对路径选择［J］.金融研究，2011（7）：142-151.

［17］徐鹏，张鹏.财政收支对城乡收入差距影响的实证分析——以重庆市为例［J］.云南财经大学学报，2008，24（6）：37-42.

［18］刘建民，王蓓，吴金光.财政政策影响收入分配的区域差异效应研究——基于中国29个省级面板数据的SVAR模型检验［J］.中国软科学，2015（2）：110-116.

［19］廉超.财政支出结构对中国城乡收入差距的影响研究［J］.改革与战略，2017，33（5）：56-60.

［20］HUNTER J S. Vertical Intergovernmental Financial Imbalance：A Framework for Evaluation［J］. Finanzarchiv，1974（48）：1-9.

［21］江庆.中国省、市、县乡级纵向财政不平衡的实证研究［J］.安徽大学学报（哲学社会科学版），2009（3）：134-140.

［22］周峰，徐翔. 城乡收入差距影响因素的理论与实证研究［J］. 华南农业大学学报（社会科学版），2006（3）：18-24.

［23］周云波. 城市化、城乡差距以及全国居民总体收入差距的变动——收入差距倒 U 形假说的实证检验［J］. 经济学（季刊），2009，8（4）：1239-1256.

［24］何枫，徐桂林. FDI 与我国城乡居民收入差距之间是否存在倒 U 形关系［J］. 国际贸易问题，2009（11）：89-96.

［25］李秀敏. 人力资本、人力资本结构与区域协调发展——来自中国省级区域的证据［J］. 华中师范大学学报（人文社会科学版），2007（3）：47-56.

［26］LAURENT BOUTON，MARJORIE GASSNER，VINCENZO VERARDI. Redistributing income under fiscal vertical imbalance［J］. European Jornal of Political Economy，2008（24）：317-328.

财税激励推动我国普惠金融
可持续发展的研究
——基于达州银税互动的实践

龚 兵 冯思嘉 甘渠良 王吉昊 刘 瑞

内容提要：本文在系统总结我国普惠金融发展态势的基础上，分析当前普惠金融供需不均、地域不均、可持续发展难的困境，提出财税政策激励对于普惠金融发展的重要性。通过对现行激励普惠金融发展的财税政策与达州市银税互动的实践分析，结合国外经验探究推动普惠金融可持续发展的财政税收政策选择，为进一步激励技术创新在普惠金融领域的应用提供参考。

关键词：普惠金融；财税政策；银税互动

一、引言及文献综述

2015 年，国务院发布《推进普惠金融发展规划（2016—2020）》，标志着普惠金融国家战略顶层设计的初步完成（星焱，2016）。李克强总理指出，金融机构不能光看重大企业、忽视小企业，要通过发展普惠金融提高金融服务覆盖率和可得性，为实体经济提供有效支持。在 2017 年全国金融工作会议上，习近平总书记再次强调发展普惠金融的重要意义，并首次提出"建设普惠金融体系"，为推动我国普惠金融可持续发展指明了方向。

《2017 年中国普惠金融指标分析报告》中指出，我国普惠金融稳步发展，金融服务可得性、使用情况和质量得到改善，传统金融产品和服务已广泛普及，信用建设稳步推进。但现阶段，我国普惠金融发展仍然面临多个问题和挑战。我国政府也越来越强调普惠金融可持续发展的重要意义，为贯彻落实《推进普惠金融发展规划》做出不懈努力，配套出台了一系列财税政策，取得了阶段性成果。《中国普惠金融蓝皮书（2018）》指出，当前普惠金融商业可持续发展难度大，实现普惠金融发展与防控风险的平衡面临挑战。星焱（2015）指出，中国必须要走"政

作者简介：龚兵，国家税务总局达州市税务局局长；冯思嘉，西南财经大学财政税务学院硕士研究生；甘渠良、王吉昊、刘瑞，国家税务总局达州市税务局工作人员。

府引导、市场运作"的"双轮驱动"式普惠金融发展模式。李创（2018）对于农村商业银行扶贫实践进行了 SWOT 分析，提出普惠金融发展机遇重大，但是财税任务繁重。甘犁（2018）认为，在金融政策扶持小微企业成长的同时，应考虑财税政策对小微企业的扶持。阎贞希（2018）明确提出，在普惠金融背景下，解决小微企业融资难的问题，需要多方共同努力解决。马洪范（2010）论述了普惠金融体系与公共财政之间的紧密关系，但在具体政策指引上缺乏明确的建议。董晓林（2016）讨论了农村金融体系建设是现阶段农村金融供给侧结构性改革的核心目标，提出如何从制度变革与技术创新方向推进农村金融普惠成为亟须解决的问题。可以看出，现有研究大多仅从金融角度出发，很少思考如何利用注重公平的财税政策支持普惠金融的发展。因此，探究推动普惠金融可持续发展的财税政策选择将是有待深入研究的方向。

二、财税政策激励普惠金融发展的必要性

普惠金融起源于 20 世纪 90 年代以扶贫为目标、具有公益性质的小额信贷，随后发展成旨在为穷人提供金融服务的微型金融。2005 年，联合国首次正式提出"普惠金融"的概念。自此，我国普惠金融逐步转型为以可负担的成本为所有人群提供均等、可持续的综合性普惠金融。

（一）普惠金融及其在我国发展的态势

1. 金融服务可得性显著提升

截至 2017 年年末，全国共设银行机构网点 22.87 万个，全国银行网点乡镇覆盖率高达 96%，其中，超过 70%的省级行政区银行网点乡镇覆盖率达到 100%。截至 2017 年年初，仅中国农业银行境内自营网点数量便达到 23 682 个，平均每个县覆盖 12 个农业银行网点。在少数偏远地区列为普惠金融综合示范区试点省份后，创新开展移动金融服务模式，将金融服务延伸至农牧业。截至 2017 年年末，我国人均拥有 6.6 个账户，总体实现了"人人有户"。加强基础设施建设，使得金融服务可得性显著提升。

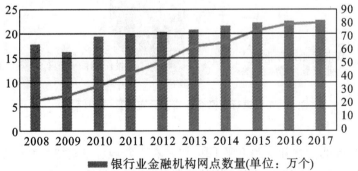

图 1　金融机构基础设施建设情况（2008—2017 年）

数据来源：中银协《中国银行业服务报告》。

2. 薄弱领域资源投入不断加强

随着全国经济的快速发展，扶贫攻坚进入关键时期，普惠金融需求随之扩大。各银行积极响应普惠金融政策的号召，在小微企业、涉农及扶贫贷款等业务上不断增加信贷计划投入。截至 2017 年年末，银行业金融机构共计为 1 521 万户小微企业提供贷款服务，贷款余额为 30.74 万亿元，占各项贷款余额的 24.5%。其中，国有商业银行及股份制商业银行发展迅速。作为全国首家做小微企业的银行，2009 年下半年，民生银行全面进军小微企业金融市场。截至 2017 年年末，民生银行已建设 54 家小微专营支行、154 家小微支行，小微企业贷款余额达到 3 732.62 亿元，较 2016 年年末同比增长 11.40%。

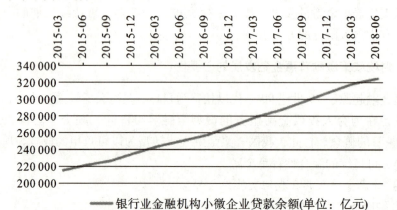

图 2　银行业金融机构小微企业贷款情况（2005 年 3 月—2018 年 6 月）

数据来源：Wind 数据库。

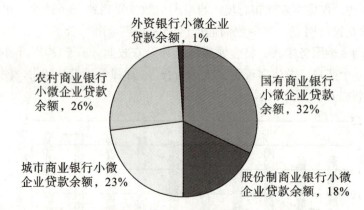

图 3　商业银行小微企业贷款分布情况（2017 年）

数据来源：Wind 数据库。

普惠金融作为扶贫开发的重要手段，"三农"领域金融支持力度也在不断加大。截至 2017 年年末，金融机构涉农贷款余额为 30.95 万亿元，较 2013 年年末增长 48.2%。云南省启动实施"百优特色农业产区"专项行动，2017 年对 10 大重点高原特色优势产业累计发放贷款 85.44 亿元。中国农业银行专设"三农"及普惠金融事业部管理委员会，持续加大对新型城镇化、水利建设、县域成长性行业等重点领域的金融支持力度，不断丰富"三农"产品及服务模式，深入推进"惠农通"工程互联网化升级。截至 2017 年年末，中国农业银行县域个人贷款达到 14 058 亿元，较上年末增加 2 067 亿元。

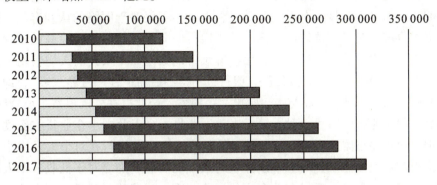

图 4　金融机构涉农贷款情况（2010—2017 年）

数据来源：Wind 数据库。

3. 金融科技与普惠金融深度融合

"双创"风口下，中央与地方政府密集发文推动金融科技的发展，普惠金融走入创新期。金融科技的发展极大地提升了金融行业客户群体识别和数字整合的能力，手机银行、网上银行业务快速增长。截至 2017 年年底，我国网上银行交易量达 1 171.72 亿笔，同比增长 37.86%；手机银行交易量达 969.29 亿笔，同比增长 103.42%。另外，科技公司的高速发展为普惠金融带来机遇。蚂蚁金服率先实现了"3-1-0 模式"：3 分钟之内完成贷款申请，1 秒钟完成贷款的决策和汇款，全程零人工参与。截至 2017 年 4 月，蚂蚁金服已为超过 650 万人提供了超过 8 000 亿元的贷款。"互联网+"大数据的应用，使更多人可以高效率、低成本地享受金融服务。

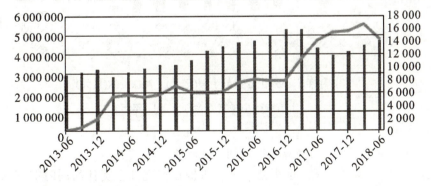

图 5　网上银行及余额宝交易规模变化趋势（2013 年 6 月—2018 年 6 月）

数据来源：Wind 数据库。

（二）推动普惠金融持续发展面临的制度与政策约束

1. 征信建设不健全导致供给与需求失衡

普惠金融主要服务群体普遍缺乏规范的行为记录，如交易流水、信用卡还款记录等，征信系统常常无用武之地。尽管互联网技术的突飞猛进使得信息更加趋于透明化，但对于低收入个人尤其是农村群体，不仅对于网络的认知有限，网络大数据中也难以获得该群体的信息。基于银行向弱势群体贷款风险高的情况，我国个人申请信用卡总体通过率低且手续麻烦，以致近几年来我国人均信用卡持有量并未有明显增幅。对于企业贷款，银行也不得不追加审查"三品三表"，即企业主人品、产品、可抵押物品与水表、电表、报表。长此以往，既浪费了放贷时间，又抬高了信贷业务的门槛。对于银行来说，低收入个人及中小企业贷款额度并不大，但发放程序与监管程序更加复杂、违约成本更高。银行在对个人及中小企业进行信贷的过程中往往会产生"预算软约束"的问题，加之对于低收入个人及中小企业信贷投放尚未构建起有效多元的评价体系，致使其更愿意给历史信用高的个人或经营规模大的企业提供贷款，客观上造成了银行乃至整个金融业的信用标准歧视。根据央行披露的数据，截至 2018 年 6 月末，中资银行境内贷款中投向小微企业贷款的占比仅为 19.84%；在银行二季度单季的新增境内贷款中，投入小微企业的占比约为 6.94%。我国小微企业平均寿命为 3 年左右，而小微企业平均在成立 4 年零 4 个月后才能够首次从银行类金融机构获得贷款。巨大的获取信息成本为"普惠金融"的实现增添了困难。

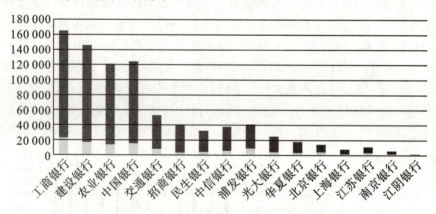

■2017年年末小微企业贷款余额(亿元)　■总贷款(亿元)

图 6　上市银行小微贷款余额（2017 年年末）

数据来源：根据各银行披露的数据整理。

2. 社会责任实践与可持续发展之间存在矛盾

普惠金融可持续发展的前提是，金融机构在实现社会责任的同时能够保有一定的盈利空间。客观来说，普惠金融的开展一般都要考虑弱势地区、弱势产业、弱势群体的利率承受能力，如果配套支持措施较少，必然会降低金融机构发放贷款的意愿。当前在农村地区除扶贫和"两权"贷款试点设立了贷款风险补偿金和贴息政策外，其余产业项目几乎未得到相应财政政策扶持，即使个别项目如养殖等设立了贴补政策，但门槛过高，仅有极少数个体受益。部分地方政府财力有限，担保基金不足，多渠道风险分担机制尚未形成，一定程度也影响了扶贫贷款规模的扩大。另外，普惠金融受众大多处于金融基础设施投入薄弱的地区，银行势必要投入更多建设成本、服务成本与监管成本以落地普惠金融政策，以至于增大了运营风险。在风险缓释与分担机制不够充分的大背景下，银行缺乏持续强有力的风险补偿及有效的风险分担等维护机制，导致银行的风险防范能力减弱，社会责任实践与可持续发展之间存在矛盾。

3. 财税政策激励不足导致资源配置不均衡

普惠金融虽然发展迅速，但是表现出明显的不均衡特征。发达地区与欠发达地区、城市与农村、大企业与中小企业、大客户与小散客户间呈现明显的二元结构特征。越是需要普惠金融服务的地区、行业和群体，普惠金融的覆盖率越低。截至2017年年末，我国网点数量达到22.87万个，尽管总量有所增长，但是地域分布差异较为明显。如图7所示，我国金融机构营业网点均呈现出东部>西部>中部>东北的分布态势，且近年来占比变化不大。在政策激励不足的情况下，商业性金融机构出于利润最大化的考虑，会更加青睐优质客户资源，因此贫困地区更容易受到排斥。多数商业银行并未在乡镇一级设有分支机构，本应以服务乡镇为主的农村新型金融组织如村镇银行、融资性担保公司、小额贷款公司大部分设在县城。除此之外，其他金融机构服务在乡镇级乃至县级设立几乎均为空白。结构性问题或普惠金融未来发展的重点难题，需要通过提升金融机构商业可持续性去破题。

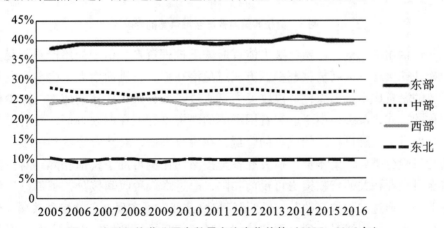

图7　金融机构营业网点数量占比变化趋势（2005—2016年）
数据来源：Wind数据库。

三、财税政策激励普惠金融发展的作用机制与现行政策分析

（一）财税政策激励普惠金融发展的作用机制

在我国现有的财税体制中，财税政策主要通过普惠金融主体参与的各金融环节来影响提供普惠金融服务的成本和利润水平。根据格林伍德和史密斯模型

（Greenwood & Smith，1997），只有当某个地区人均收入水平达到某一阈值，使得普惠金融机构的经济收益可以覆盖其参与成本和运营成本时，普惠金融部门才会内生形成和发展。在金融基础设施落后、征信体制落后的地区，往往存在严重的市场失灵，单靠市场的力量不足以引导金融资源进入小微企业和贫困群体。因此，推动普惠金融可持续发展，需要政府在全国范围内统筹建立规范的财政税收机制，以实现金融资源的公平配置。

从成本-效益角度分析，财税政策有利于降低普惠金融的供给成本，进而推动金融机构利润的上升。如图8所示，传统金融产品需要征收增值税，在供需模型中体现为税收楔子 T，即产品价格 P_D 将高于均衡价格 P_0、实际供给数量 Q_1 将低于均衡数量 Q_0。而我国针对小微企业贷款、涉农贷款等普惠金融服务免征增值税将使税收楔子 T 降为0，供需水平重新达到均衡状态 A。若进一步考虑财政补贴的作用，则将推动供给曲线 S 向右平移，均衡价格持续下降，普惠金融数量得到上升。

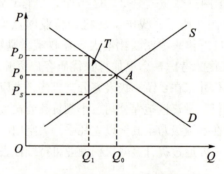

图8　财税政策对普惠金融供需的影响

从征信角度分析，普惠金融主体普遍缺乏抵押资产，信用配给严重不足。金融机构往往会通过提高贷款利率的方式避免潜在损失，进而增大了中小企业和贫困群体的融资成本。因此，财税政策主要通过降低金融机构违约成本、减少信息不对称的方式，解决中小企业和贫困群体的融资难题。在财政方面，政府融资担保直接促进了金融机构违约成本的降低；在税收方面，对涉农贷款和中小企业贷款进行风险分类后，集体贷款损失准备金按不同比例可准予税前扣除，对担保公司和金融企业相关的贷款损失可税前扣除，通过降低税收间接分摊了部分违约成本。此外，通过"银税互动"，金融部门和税务部门可实现充分的信息共享，金融服务需求方的信用情况得到全面的体现。对于信誉情况良好的中小企业可降低贷款利率、优先放贷，促进紧缺金融资源的充分利用。

（二）激励普惠金融发展的现行财税政策分析

支持金融行业发展的财税扶持政策一直较少。随着普惠金融的兴起，自2014年起政府出台了若干以政策性银行、小额贷款公司、融资担保公司、中小企业和农牧业保险业务为主要激励对象的财税政策，通过普惠金融的各个环节影响其成本和利润水平。我国现有支持普惠金融可持续发展的主要财政税收政策如表1所示，

表 1　激励普惠金融发展的现行财税优惠政策梳理

政策类别			主要内容	法律依据
税收优惠	增值税	免征	农牧保险业务免征增值税	财税〔2016〕36 号
			农户小额贷款利息收入免征增值税	财税〔2017〕48 号
			金融机构向小微企业、个体工商户和农户发放小额贷款取得的利息收入免征增值税	财税〔2018〕91 号 财税〔2017〕44 号
			纳税人为农户、小型微型企业及个体工商户借款、发行债券提供融资担保及再担保业务免征增值税	财税〔2017〕90 号
		简易征收	中国农业发展银行提供涉农贷款取得的利息收入，可按 3% 的征收率简易征收	财税〔2016〕3 号
			农村信用社、村镇银行、农村资金互助社、由银行业机构全资设立的贷款公司、法人机构在县及县以下地区的农村合作银行和农村商业银行提供金融服务收入，可按 3% 的征收率简易征收	财税〔2016〕46 号
			中国农业银行"三农"金融事业部提供涉农贷款取得的利息收入，可按 3% 的征收率简易征收	
	企业所得税	减计收入	小额贷款公司农户小额贷款利息收入，按 90% 计入收入	财税〔2017〕48 号
			金融机构农户小额贷款利息收入，按 90% 计入收入	财税〔2017〕44 号
			保险公司为种植业、养殖业提供保险业务取得的保费收入，按 90% 计入收入	财税〔2017〕44 号
		费用扣除	小额贷款公司贷款损失准备金可按规定税前扣除	财税〔2017〕48 号
			中小企业融资（信用）担保机构有关准备金按规定税前扣除	财税〔2017〕22 号
			金融企业涉农和中小企业贷款损失及贷款损失准备金可按规定税前扣除	财税〔2015〕3、9 号
	印花税	免征	农林作物、牧业畜类保险合同免征印花税	国税地字〔1988〕第 37 号
			金融机构与小型微型企业签订借款合同免征印花税	财税〔2014〕78 号
中小企业发展专项资金			通过引导基金阶段参股、风险补助和投资保障，支持中小企业科技创新	财企〔2014〕38 号
			通过业务补助、增量业务奖励、代偿补偿资金和创新奖励，支持中小企业信用担保机构和再担保机构发展	
			通过无偿资助、业务奖励、政府购买，支持中小企业公共服务平台和服务机构	
普惠金融专项资金			县域金融机构涉农贷款增长超过 13% 的部分，按照不超过 2% 的比例给予奖励	财金〔2016〕85 号
			对农村金融机构给予定向费用补贴	
			对创业担保贷款给予贴息及奖励补助	
			对政府和社会资本合作项目按照投资规模给予奖励	
行政性事业收费减免			禁止向小微企业贷款收取承诺费、资金管理费，限制收取财务顾问费、咨询费	银发〔2018〕162 号

税收优惠政策主要涉及的税种有增值税、企业所得税和印花税，而财政补贴政策主要包括中小企业发展专项资金、设立普惠金融专项资金和行政性事业收费减免三个方面。

1. 税收优惠政策

（1）增值税

增值税优惠主要通过简易征收方式和免征，间接降低各类金融机构提供普惠金融服务的成本。营改增试点期间，对重点面向县域经济（含县）以下提供金融服务符合条件的信用社、互助社、贷款公司和合作银行、农村商业银行提供的金融服务和中国农业银行纳入"三农"金融事业部试点的县域支行提供"三农"贷款的利息收入，可以选择适用简易计税方法按照3%的征收率计算缴纳增值税。为防止激励扭曲，金融机构享受免征增值税政策的利率受到严格限制，如向小微企业、个体工商户和农户发放小额贷款，取得的利息收入免征增值税仅适用于利率低于人民银行同期贷款基准利率150%的部分，超过部分不享受免征优惠。此外，金融机构享受免征增值税政策的贷款规模逐渐扩大：2017年12月1日起，贷款范围由农户扩大到小微企业、个体工商户，小额贷款的额度上限从单户授信10万元扩大到100万元；2018年9月1日—2020年12月31日，对小微企业、个体工商户的单户授信额度提升至1 000万元，对农户的授信额度仍保留100万元。可见，我国对普惠金融中小额信贷的支持力度正逐步增大，能够较好地适应经济发展中各经济实体对资金的需求。

同时，此政策有助于打开普惠金融相关业务的增值税抵扣链条，降低金融行业整体税负。由于金融机构为发放贷款而筹集资金所引起的利息支出无法抵扣进项税额，正常情况下其需要缴纳销项税额，从而使税收负担加重。普惠金融中小额贷款享受免征增值税政策，销项税额和进项税额同时降为零，无疑完善了金融机构和实体经济之间的抵扣链条，体现了增值税税收中性原则。

（2）企业所得税

企业所得税相关的优惠政策包括减计入应税收入和贷款损失准备金允许税前扣除两种方式。其中，关于小额贷款的界定与增值税优惠相同。同时，为防止相关金融机构多提准备金而逃避纳税义务，政策规定允许税前扣除部分需根据《贷款风险分类指导原则》的规定，对涉农贷款和中小企业贷款进行风险分类后按比例提取。此外，对于中小企业融资（信用）担保机构，按规定计提的担保赔偿准备也可享受税前扣除政策。这有助于信用担保机构加大对中小企业的融资担保力度，及时缓解中小企业融资难、融资贵的难题。

（3）印花税

相比于其他税种，我国政府很早就采取免征印花税的形式激励普惠金融的发展。1988年开始，农业保险合同免征印花税以加强对农户（低收入群体）收入的保障。2014年开始，对金融机构与小微企业签订的借款合同免征印花税，而后将优惠期限延长至 2020 年。但按照前述关于小额贷款的政策规定，即使借款额度达到 1 000 万元，免征的印花税也仅为 500 元。可见，此政策虽然体现了对普惠金融的扶持，但优惠力度极其有限，难以达到鼓励金融机构向小微企业借款的目的。

2. 财政补贴政策

（1）中小企业发展专项资金

设立中小企业发展专项资金的主要目的在于，充分发挥财政资金的引导和促进作用，支持中小企业特别是小微企业科技创新、改善中小企业融资环境、完善中小企业服务体系。

鼓励中小企业科技创新方面，体现在利用专项资金设立引导资金，通过阶段参股、风险补助和投资保障等，引导创业投资机构对科技型中小企业予以支持，从而满足中小企业科研过程中的资金需求。改善中小企业融资环境方面，主要手段包括业务补助、增量业务奖励、直接资本投入、创新奖励，以发挥财政资金对信用担保机构等中小企业融资服务机构的激励作用、加快扩大中小企业融资服务规模。完善中小企业服务体系方面，专项资金运用无偿资助、业务奖励、政府购买服务等方式，给予中小企业公共服务平台和服务机构支持。同时，《中小企业发展专项资金管理暂行办法》严格规定了各类专项资金支持额度和适用条件，确保财政资金的高效利用与合理分配。

（2）普惠金融专项资金

普惠金融专项资金是中央财政用于支持普惠金融发展的专项转移支付资金，包括县域金融机构涉农贷款增量奖励、农村金融机构定向费用补贴、创业担保贷款贴息及奖励补助、政府和社会资本合作项目以奖代补四个使用方向。虽然财政支持直接补贴较多，但实施成效较为有限。首先，该补贴的规模普遍较小且宣传力度不够，许多县城、农村的金融机构可能因不知悉该政策或审批程序复杂而拒绝申请，政策惠及范围有限；其次，该专项资金主要针对线下金融机构，对风险投资、互联网金融等新兴中小企业融资渠道支持的力度不够；最后，该专项资金属于专项转移支付范围，财政部每年均会调整政策适用地区，对发展普惠金融的支持缺乏持久性和稳定性。

（3）行政性事业收费减免

随着减税降费政策的提出，政府开始重视非税费用的规范对于普惠金融可持续发展的重要意义。繁杂的行政性事业收费增大了贷款、征信等金融服务运行成本，征收不规范加重了相关金融机构的遵从成本，同时抑制了中小企业的金融服务需求，不利于普惠金融的长期发展。因此，政策规定地方政府禁止向小微企业贷款收取承诺费、资金管理费，限制收取财务顾问费、咨询费。规范政府收费是财政直接补贴的有益政策补充，有助于营造一个良好的普惠金融营商环境。

四、推行"税金贷"和"税农贷"助推普惠金融发展——达州税务局银税互动的探索

（一）"税金贷"破解企业融资大难题

达州市税务局在走访调研企业特别是民营经济在生产经营发展中的困难时，了解其融资难、融资贵的"瓶颈"后，整合税务、金融两大优势资源，联合人行达州市中心支行搭建了西南地区首个跨系统、跨部门、跨行业的银税合作平台；并突破银行传统抵押贷款方式，将"纳税信用"作为"融资资本"，实现了企业、银行、税务多方合作共赢，有力地促进了民营经济的发展，其经验做法也被《朝闻天下》《人民日报》以及央视新闻联播、央广网、光明网、四川电视台新闻频道等 25 家新闻媒体宣传报道，央视记者还深入企业做了跟踪采访，省内其他市州通过多种方式学习考察，社会效应日益凸显。

1. 变"分散资源"为"集成优势"，搭建银税合作平台

为全面落实国税总局"便民办税春风行动"，为纳税人服务提供含金量高的增值服务，支持"大众创业、万众创新"，促进地方经济稳定增长，达州市税务局建言献策，主动作为，向市委、市政府提出搭建银税合作平台，支持小微企业发展建议。市政府及时采纳，组织税务、金融等部门专题研究贯彻《国务院办公厅关于金融支持小微企业发展的实施意见》，聚焦整合税务、金融等优势资源，着眼充分发挥税务部门数据优势为银行和中小微企业"牵线搭桥"，有效破解了中小微企业融资难题。2015 年 5 月 26 日，达州市税务局成功启动银税合作项目，税务、金融等部门联合签订战略合作协议，推动纳税信用资源与银行征信资源有效对接、税务信息与银行信息及时共享，共同为企业和个体工商户提供融资、支付结算、自助办税等银税服务。

2. 变"纳税信用"为"融资资本"，突破企业融资瓶颈

整合银行征信和纳税信用资源，破除部门之间的藩篱，解决部门之间信息相对封闭、不对称现状，实现了银行征信、纳税信用资源双向交换传递，多方共享。同时，加强信用信息互补、完善，将银行征信记录与纳税信用评价有效对接，促进诚信的价值增值，完善守信激励机制，最大限度地将"纳税信用"转化为"融资资本"。将纳税信用、税收贡献与中小微企业融资直接挂钩，银行根据人行、税务等部门提供的真实企业信用状况，综合衡量企业融资信用等级和授信额度。截至 2018 年 10 月，有 700 余户次共获得 3 亿多元贷款。

3. 变"双向难题"为"多方共赢"，创新推出信贷产品

搭建银税合作平台后，达州市税务局联合市人行达州中心支行、市农村信用社合作，签订战略合作协议，推出了首款纳税信用增值金融产品"蜀信·税金贷"。该产品以银行征信、纳税信用和税收遵从为前提，银行突破传统抵押贷款程序方式和要件要求，具有无抵押、低成本、低利率、高效率、周转快的特点。纳税等级高、生产经营正常、银行征信好的中小微企业，最高可享受 500 万元的信用

贷款（最低利率仅为人民银行基准利率的 1.3 倍），企业发展壮大后还可逐步提高授信额度。这一全新银税合作模式，有效破解了小微企业融资难、银行寻找优质客户难的双向难题，促进了税务、银行、企业"多方共赢"。同时，有力地促进了中小微企业重视和积累良好的纳税信用记录，有利于推进社会诚信体系建设。

4. 变"多头对接"为"一站式服务"，完善银税协作机制

为避免企业多头找、往返跑，给企业提供便捷高效的融资纳税服务，由达州市税务局牵头，综合协调，在市政府门户网站搭建银税合作网络平台，设置操作模块，搞好网络链接，加强网络维护，确保平台安全正常运行。各合作单位分工负责，明确自身职责，设置子模块，无缝链接。人行达州市中心支行将税务部门提供的纳税信用信息和企业征信信息整合成企业信用信息，为银税合作提供信用信息支持；市金融办、银监局组织更多金融机构加入银税合作平台，对金融机构进行窗口指导，运用政策工具支持金融机构持续做好银税合作金融服务工作。税务部门将纳税人纳税信用评价状况、变动情况及时向银税合作平台推送，协助平台中的金融机构获取和提供基于申请授信纳税人书面授权范围的相关信息内容；积极将办税服务与金融服务有效结合，与平台中的金融机构合作开展多元化的涉税服务。同时，优化办理流程，减少非必要资料报备审核，在部门联合中最大限度地做到无纸化办公，纳税人仅需到银行申请贷款，其他如企业征信信息、纳税信息，银行信用调查、审核、确认流程均由合作部门后台运作；对符合条件、手续齐全的企业申请贷款可在 3 个工作日内获得信贷款项。

（二）"税农贷"助力攻脱贫攻坚主战场

达州市是四川经济欠发达地区，以专业大户、家庭农场、农民合作社、农业产业化龙头企业为骨干的新型农村经营主体是带动农户脱贫增收的主力军，但这些涉农企业面临抵押少、贷款少的融资难题。为此，当地政府、税务、农商银行三部门携手，结合产业扶贫战略，专门打造了用于连片扶贫山区"脱贫攻坚、脱贫致富"的纳税信用金融服务产品"税农贷"。

1. 两个特定，确保贷款资金真扶贫、扶真贫

一是贷款主体特定。"税农贷"申请主体只能是依法诚信纳税或税收遵从度高的各类新型农业经营主体、农产品深加工企业、农产品超市等，将其他非农企业排除在外。二是贷款项目特定。所贷资金只能用于涉农项目新建基地或扩大生产种养殖规模、收购规模、加工规模，再由涉农企业带动农户（含建档立卡贫困户）通过土地流转、提供劳务、销售农产品等方式创业就业、实现增收，通过壮大产业带动当地经济发展，为贫困山区输血、造血、换血，促进贫困山区深度扶贫、根本脱贫。为此，企业在申请贷款时除提供银行要求的一般资料外，还需提供涉农产业项目规划、扶贫带动承诺书，确保贷款资金真扶贫、扶真贫。

2. 三方监管，确保贷款资金可预期、可管控

一是由税务部门负责纳税信用监管，根据企业申请和授权，将纳税信用级别及变化情况推送至银行；二是由银行负责对贷款资金使用情况进行监管，开展市

场调查和资信调查，并结合银税信息确定授信方式和授信额度；三是由政府部门负责项目落实情况监管。贷款发放后，县、乡人民政府对资金使用情况、企业生产情况、农户（含建档立卡贫困户）参与情况、扶贫承诺计划落实情况等进行督导，并将结果反馈给贷款银行，确保贷款资金可预期、可管控。

3. 风险分担，确保贷款产品愿意投、低利率

为引导鼓励更多银行机构参与金融扶贫，达州市人民政府建立了风险分担机制，要求县级人民政府整合政府产业发展基金、财政补贴资金、央行扶贫再贷款资金，与"税农贷"参与银行设立风险共担基金，合力支持涉农企业产业扶贫，有效地降低了银行机构涉农贷款经营风险，提高了银行的积极性，并将实惠直接兑现给了涉农企业。"税农贷"贷款项目被纳入贷款风险补偿基金的，可直接增加企业信用贷款额度；运用央行扶贫再贷款资金发放的，贷款利率低至 4.35%，比普通商业贷款优惠近 50%。

达州市推出"税农贷"1 年以来，已先后与 56 户试点涉农企业签约，累计为企业发放"税农贷"资金 1.7 亿元，产业带动覆盖上百个乡镇、上千个乡村，帮扶农户上万余户，惠及千余户建档立卡贫困户。达州万源市巴山食品有限公司，曾多次被评为农业产业化重点龙头企业，主要销售旧院黑鸡、巴山腊肉制品，普惠广大农户。2017 年 10 月 10 日，巴山食品有限公司集中收购农副产品需要大量资金，了解到这种情况后，税务人员第一时间前往该企业，关心生产，了解困难，向该企业介绍"税农贷"产品，并指导其如何申请，最后该企业成功获得"税农贷"200 万元。目前，巴山食品有限公司的规模越来越大，年产值达到 2 000 万元，经营规模翻了一番，带动和引领了更多的农户脱贫致富。

五、推动普惠金融可持续发展的财税政策选择

（一）完善普惠金融财政税收法制建设

普惠金融可持续发展需要系统有效的财政税收法制支持。近期发布的《普惠金融白皮书》从使用情况、可得性、质量三个维度，系统构建 51 项指标以全面反映我国普惠金融的发展状况。但目前我国普惠金融的财税制度建设仍较为落后，尚未形成一套系统、规范的普惠金融财税支持体系。

为强化财税政策的效用，政府可根据普惠金融类型及受惠对象，对现行有效的财政支持和税收优惠加以汇总并出台规范性文件，为财税政策支持普惠金融可持续发展提供法律依据。此外，当前财税政策主要针对贷款、投融资和保险等基本金融服务，储蓄、支付结算、理财、金融教育等广义普惠金融的支持力度较弱。建议政府进一步扩大财税政策覆盖范围，及时更新普惠金融新兴领域的财税支持政策，促进普惠金融全方位发展。

（二）深化"银税互动"，有效降低普惠金融违约成本

针对普惠金融重点领域信息不对称等问题，银行业与税务部门应充分开展"银税互动"，搭建银税信息共享平台，支持小微企业"以税促信、以信申贷"。通

过对"金税三期"等纳税申报平台的大数据分析，银行可以据此判断贷款企业的经营状况、财务能力并预判其未来的盈利能力和还贷能力。对于缺乏抵押资产但纳税记录良好的企业，金融机构可优化贷款审批程序、加大信贷支持力度。借助纳税系统还可以协助金融机构加强贷后风险监控，防止企业提供虚假财务数据；对于经营情况不佳、还贷能力下降的企业，金融机构可及时中止续贷、强制还款，确保坏账率在合理安全的范围内，有效识别并降低系统性风险。

同时，如何在财政层面降低违约成本是政府亟待解决的问题。而现行的财税政策多是间接降低金融机构的违约成本，违约风险降低程度有限。在推动普惠金融的可持续发展的背景下，政府可设立普惠金融融资担保专项基金，从财政收入中给予专项补贴，以满足中小企业和贫困人口的融资需求。为推动区域间普惠金融可持续发展，应建立全国、省级和市（县）三级财税支持体系，中央可规定各地方政府的普惠金融专项补贴占财政收入的比重，并充分利用转移支付实施统筹规划。此外，应发挥保险增信作用，探索形成"财政+银行+保险"的风险共担模式，对普惠金融相关的保险业务提供强有力的税收优惠激励政策。

（三）鼓励金融创新，促进技术升级和成果推广

随着互联网和区块链技术在普惠金融领域的广泛应用，传统金融的运行模式和征信机制得以推翻，融资方式更加多元化、贷款可得性有所提高。普惠金融的可持续发展应立足于金融创新，金融科技在普惠金融领域大有用武之地（李扬，2018）。在国外，印度政府建立的普惠金融综合平台（India Stack）极大地促进了该国普惠金融的发展：数字身份证（Aadhaar）实现了对个人和企业的远程实时识别和验证，"数字锁"和"数字签名"实现了主体间的资料共享和合同签订数字化，"统一支付界面"则实现了所有银行账户和手机钱包的跨平台支付。此外，墨西哥政府成立的国家金融开发银行 Nafin，通过创建电子信息系统 Cadenas Productivas，为金融机构和中小企业搭建了信息交流平台，降低了搜寻成本和中小企业的融资成本。

我国政府应当加大普惠金融相关创新的支持力度，增加技术研发的财政补贴，有效地推动普惠金融产品创新和技术升级。此外，政府应充分利用财税政策推广普惠金融创新成果。财税政策缓解了前期研发成本高的问题，同时普惠金融模式的创新降低了运营成本和管理费用，无疑促进了普惠金融可持续发展的良性循环。

（四）加大财税支持力度，减税降费激发普惠金融发展活力

作为经济发展和社会进步的标志，普惠金融应作为政府宏观调控的工作重心，而加大财政资金的支持力度、减轻税费负担必然是促使普惠金融可持续发展的重要手段。

财政政策方面，应提高专项资金的利用效率并适时扩大优惠范围。首先是降低申请门槛、简化申请手续，确保更多有金融需求的群体享受财政补贴，真正落实"普惠"二字；其次是加强后续管理与资金监控，确保财政资金的合理使用。目前我国关于普惠金融的专项资金统一由财政部管理和拨付，在审核时还需统筹

其他部门的意见，财政效率不高。建议借鉴国际经验，设立专门的普惠金融管理机构统筹管理，严格按照专项资金管理办法制定资金分配方案，并对资金的使用和管理情况展开绩效评价和监督检查。另外，建议考虑引入市场机制，发挥财政资金的引导作用。在日本、美国以及欧盟，政府运用财政贴息、成立政策性担保机构为农民贷款提供担保等方式把金融部门的资金引到农业与农村，尤其是日本政府采取的对农民修建小型农田水利等基础设施提供一定的财政补助的方法，收到了良好的效果。我国政府应进一步发挥财政资金导向功能，选择合适的支农政策，培育农业市场体系成长，以助于金融普惠目标的真正实现。

税收优惠方面，首先是加大间接税的降税力度。我国目前尚且处于增值税的过渡阶段，还存在银行业等金融机构抵扣链条不够完善等问题。在条件成熟的情况下，可将增值税免税政策扩大至普惠金融相关的所有业务，以减轻税收负担。其次是丰富直接税优惠方式，降低金融机构的潜在损失。最后是清理不规范、不必要的非税收入。对履行普遍服务管理职能而征收的行政管理费，原则上应予以取消（楼继伟，2013），将体现市场行为的服务性收费转为自愿有偿的经营收费，降低普惠金融交易成本，从而促进普惠金融健康、可持续发展。

参考文献：

［1］陈伟，王剑. 金融支持中小企业的国际经验与启示［J］. 金融纵横，2013（10）：76-82.

［2］李威. 美国支持中小企业融资的成功实践及对我国的启示［J］. 决策咨询，2012（2）：10-12.

［3］张明，杨晓燕. 小微企业金融服务财税支持政策的国际经验及启示［J］. 金融纵横，2017（11）：57-63.

［4］缪锦春. 小企业融资难问题银税大数据平台解决方案研究［J］. 湖南商学院学报，2017，24（1）：38-44.

［5］郭田勇，丁潇. 普惠金融的国际比较研究——基于银行服务的视角［J］. 国际金融研究，2015（2）：55-64.

［6］星焱. 普惠金融的效用与实现：综述及启示［J］. 国际金融研究，2015(11)：24-36.

［7］星焱. 普惠金融：一个基本理论框架［J］. 国际金融研究，2016（9）：21-37.

［8］何德旭，苗文龙. 金融排斥、金融包容与中国普惠金融制度的构建［J］. 财贸经济，2015（3）：5-16.

［9］马洪范，商瑾. 构建普惠金融体系的财政思考［J］. 中国金融，2010（10）：16-17.

［10］尹应凯，侯蕤. 数字普惠金融的发展逻辑、国际经验与中国贡献［J］. 学术探索，2017（3）：104-111.

［11］吴道义，罗实，徐文德. 美国消费者金融保护局"催化剂"项目主要内容及其启示［J］. 海南金融，2017（11）：54-58.

［12］焦瑾璞，黄亭亭，汪天都，等. 中国普惠金融发展进程及实证研究［J］. 上海金融，2015，4（11）.

［13］杜晓山.小额信贷的发展与普惠性金融体系框架［J］.中国农村经济，2006（8）：70-73.

［14］王曙光，王东宾.双重二元金融结构，农户信贷需求与农村金融改革——基于11省14县市的田野调查［J］.财贸经济，2011（5）：38-44.

［15］郭田勇，丁潇.普惠金融的国际比较研究——基于银行服务的视角［J］.国际金融研究，2015（2）：55-64.

［16］李建军，赵冰洁.中国实体经济融资贵到底由什么因素决定？［J］.中央财经大学学报，2015（6）.

［17］GREENWOOD J, JOVANOVIC B. Financial development, growth, and the distribution of income［J］. Journal of political Economy, 1990, 98（5）: 1076-1107.

［18］BECK T. Demirgüç-Kunt A, Levine R. Finance, inequality and the poor［J］. Journal of economic growth, 2007, 12（1）: 27-49.

［19］CORRADO G. Corrado L. Inclusive finance for inclusive growth and development［J］. Current Opinion in Environmental Sustainability, 2017, 24: 19-23.

［20］HELMS B. Access for all: building inclusive financial systems［M］. The World Bank, 2006.

企业所得税优惠政策对创新活动的影响研究

——基于我国创业板上市公司的经验数据

王　瑶

内容提要：本文以企业所得税优惠政策为出发点，结合相关的理论基础和现状分析，并对我国的创业板上市企业展开实证研究，进一步剖析企业所得税政策与经济主体创新行为之间的关系，最后再基于前文的分析提出合理的政策建议。结合理论与实证分析后，得出本文的研究结论：创业板上市企业的研发投入强度、创新产出绩效总体水平较高，但各企业之间存在很大差异，并且不同企业所享受的企业所得税优惠相差较大；企业所得税优惠与企业的研发投入强度有显著的正相关性；企业所得税优惠与企业的研发产出绩效有显著的正相关性；企业所得税优惠对研发产出绩效产生影响的过程中，研发投入起到了中介作用。基于研究的结论，本文提出以下政策建议：①对行业和规模不同的企业采取针对性和差异化的优惠政策体系；②提高企业所得税优惠政策的覆盖面，构建普惠与特惠结合的优惠体系；③优化优惠方式，提高优惠比重；④企业所得税优惠环节应具有针对性；⑤简化享受税收优惠政策的程序，提高税收优惠政策的可操作性。

关键词：企业所得税优惠；企业研发投入；企业创新产出；创业板上市企业

一、引言与文献综述

当今世界，各国围绕创新核心要素的竞争愈加激烈。一方面，发达国家希望通过提升创新能力，继续保持领先地位，新兴经济体大幅增加科技投入，希望借此赶超发达国家，实现弯道超车；另一方面，我国也在努力提升国家的创新能力，并取得重大成果。2017 年，我国的创新经费支出进一步提升，研发投入的增长速度加快，国家财政科技支出平稳增长，R&D 经费投入强度稳步提高。我国在 2017 年的研发经费投入额是 17 606.1 亿元，与 2016 年相比，增长率为 12.3%；R&D 经

作者简介：王瑶，西南财经大学财税学院硕士研究生。

费投入强度达到 2.13%，比上一年增加 2%。研发人员的人均经费比上一年增加
3.2 万元，高达 43.6 万元。党的十九大报告中也强调了创新的关键作用，并指出
需要在培养创新人才、加强创新体系的建设、深化科技体制改革等方面下功夫，
同时还需加大对中小企业研发的激励力度，进一步实现其对科技研发的实用性转
化。2019 年的《政府工作报告》中提出，进一步提高创新能力和创新效率，强化
企业的创新所起到的关键作用。

创业板企业是我国创新能力发展的重要推动力，但由于其自身经营风险较高
而需要更多的宏观政策支持。政府在支持创业板上市企业创新的过程中起着关键
的作用。目前，我国已经制定了许多鼓励企业创新的税收优惠政策，尤其是推出
了较多的企业所得税优惠政策。然而，这些优惠政策是否能够有效地激励企业研
发投入和创新产出绩效，从而对企业的经营发展起到正向的推动作用还需要进一
步的观察和研究。为了实现我国科技强国建设的目标，应该不断地提升创业板企
业总体的创新能力，激发其创新潜能。为此，本文选取了 2010—2017 年我国创业
板上市企业作为研究样本，来探究企业所得税优惠的作用机理，以及其对创业板
上市企业的创新研发投入和产出绩效所产生的影响，以期更加合理地提出针对创
业板企业的所得税优惠政策，引导其健康发展，为科技强国的建设做出贡献。

20 世纪 80 年代以来，许多西方国家采取了许多激励企业研发活动的税收优惠
政策。同时，国外学者也深入研究了关于税收优惠等一系列的宏观政策对微观企
业创新活动的作用过程和最后产生的影响。Bernstein（1986）运用 1975—1980 年
共 6 年的企业数据探究了加拿大激励研发的税收政策的作用，从研究结果来看，税
收优惠可以明显地促进企业的研发投入，甚至激励效用超过 100%。Hall 和 Reenen
（2000）对税收优惠政策展开了系统的讨论，研究表明，国家对企业采取研发税收
抵扣政策不仅可以促使企业进行更大的研发投资，而且政府可以将税收优惠政策
作为促进微观主体创新的重要手段。Bloom 等人（2002）结合当时的现状和理论分
析，并且以部分西方国家的面板数据为样本进行了深入的分析。其研究结论指出：
税收的抵免政策能在一定程度上提高创新能力。Dirk Czamitzki（2011）在研究税
收抵免对研发产生的作用时采用了非参数的计量方法。结果表明：享受税收抵免
的企业其创新能力更强，同时其新产品的生产数量增多会使得企业的销售收入也
保持很大的优势。Freitas 等人（2015）提出，对规模较大的企业采取税收优惠，
能大幅提升创新投入和创新产出。国内学者对以上的研究在这些年中逐渐丰富起
来，从最初的理论和现状分析到现在利用实证与理论相结合的方法展开税收激励
效用的研究工作。冯海红等人（2015）认为，税收优惠产生的作用是否显著取决
于该政策是否处于合理的范围，若处于最优范围则能对企业的创新产生明显的推
动作用，反之则不能形成影响。石绍宾等人（2017）以 2015 年上市企业的经验数

据为研究样本，通过模型的建立和回归分析及倾向匹配得分法进行了税收优惠与微观经济主体的创新行为关系的研究，结果表明，两者之间存在显著的正相关关系。

大多数学者认为税收优惠能提高企业的创新活动产出绩效，但对企业创新产出绩效的衡量方法并未形成统一结论。Czarnitzki 等人（2005）以加拿大的微观经济主体为研究对象，经过分析认为税收优惠的激励作用非常明显，税负的减轻不仅可以促使企业的研发投入行为，而且能够加快推进研发的成果转化。Peretto（2007）通过对稳定状态下的企业创新支出的结转扣除和通过降低税率来减少税负两种方式比较，进一步分析其对创新行为的影响和作用。Adne Cappelen 等人（2011）进行了问卷调查，通过调研数据展开实证研究，结果表明，税收优惠在关于创新的某些方面发挥了作用，如新技术的开发，但对专利的发明作用很小。夏力（2012）以我国 2010 年的创业板上市企业的近 200 个样本为研究对象，最后得出的结果表明：税负增加 1%，则企业的创新产出减少 0.24 个百分点，反映了企业所得税优惠对创业板企业的研发有推动作用。Beck 等人（2015）提出，创新投入的重点是将其资本转化形成创新成果，其中有原生型和创造型两种类型，研究结果表明，税收能对企业的原生型创新产生积极的推动作用。李维安等人（2016）研究了 2009—2013 年的上市企业样本，对企业创新投入和产出与税负之间的关联性问题进行了探讨，研究结果发现两者呈正相关关系。另一种观点认为税收优惠对企业创新激励的作用不明显，二者没有显著的相关性。程曦和蔡秀云（2017）以我国 2007—2015 年上市企业的微观数据为研究对象进行了探讨，研究结果表明，所得税优惠与流转税优惠对企业的技术创新产出的激励效应不明显。

综上，本文将在借鉴已有的文献研究的基础上，基于创业板上市企业的微观数据，来探究企业所得税优惠对创业板上市企业创新活动的具体影响，并在得出相应结论后提出合理的政策建议。

二、我国企业创新现状分析

（一）我国总体研发投入现状

1. 我国研发经费内部支出及强度

第一，我国研发经费内部支出水平总体稳步上升，但增速呈不断下降趋势。我国研发经费内部支出从 2007 年以来一直处于增长状态，2017 年我国研发经费内部支出为 17 606.13 亿元，而 2008 年仅为 4 616.02 亿元，10 年增长了 3.81 倍。其中基础研究为 975.49 亿元，应用研究为 1 849.21 亿元，试验发展为 14 781.43 亿元；研发经费内部支出较 2007 年同比增长 12.31%。但研发经费内部支出 2018 年的增速呈不断下降趋势，说明我国总体研发支出还需采取有效的措施进行提升。

具体情况如图 1 所示。

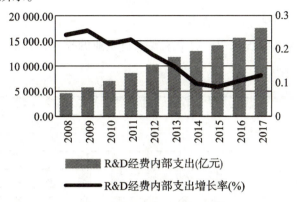

图 1　R&D 经费内部支出情况

数据来源：2018 年中国科技统计年鉴。

第二，我国研发投入强度的增速较快，但与部分发达国家相比仍有较大差距。具体指标是 R&D 与 GDP 的比值，2007 年以来该比值一直稳步上升，其从 2007 年的 1.44 上升到 2017 年的 2.13，这十年的增长率为 47.92%（见图 2）。但是，与部分创新强国（如日本、美国等）相比，我国的创新人力投入强度明显不足（见表 1）。

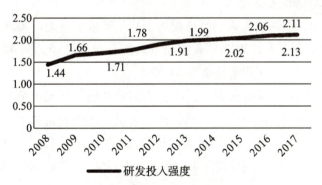

图 2　研发投入强度（R&D/GDP）

数据来源：2018 年中国科技统计年鉴。

表 1　创新人力投入强度情况

国家	年份						
	2010	2011	2012	2013	2014	2015	2016
中国	1.71	1.78	1.91	1.99	2.02	2.06	2.11
美国	2.74	2.77	2.71	2.74	2.76	2.74	2.74
日本	3.25	3.38	3.34	3.48	3.59	3.28	3.14
德国	2.71	2.80	2.87	2.82	2.89	2.92	2.93
法国	2.18	2.19	2.23	2.24	2.24	2.27	2.25
英国	1.68	1.68	1.61	1.66	1.68	1.67	1.69
加拿大	1.84	1.80	1.79	1.68	1.60	1.65	1.60

数据来源：2018 年中国科技统计年鉴。

2. 我国总体研发投入资金来源

在全国研发经费的投入中，资金主要来自企业的投入，其次是政府资金投入。具体情况如图 3 所示。

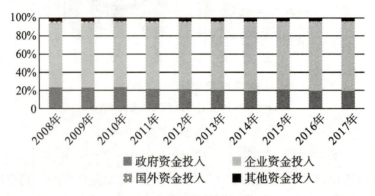

图 3　我国研发投入资金来源

数据来源：2018 年中国科技统计年鉴。

3. 我国总体研发人员投入

2008 年以来，我国研发人员的总投入水平是持续上升的。2008 年我国研发人员总投入为 196.54 万人，2017 年我国研发人员总投入已经达到 403.36 万人，近十年增长了 205.23%，年均增长率为 10.52%。

就研发人员投入构成情况而言，从事"试验发展"活动的研发人员所占比重最大，其次是从事"应用研究"活动的研发人员，最少的是从事"基础研究"活动的研发人员。就 2017 年而言，从事"试验发展""应用研究""基础研究"的研发人员占总研发人员的比例分别为 80.66%、12.14%、7.2%。具体如图 4 所示。

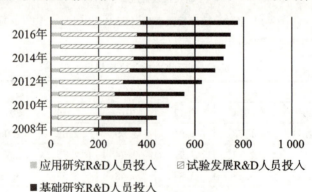

图 4　全国研发人员投入情况（万人）

数据来源：2018 年中国科技统计年鉴。

（二）我国总体研发支出现状

我国专利申请总数近几年处于稳定增长状态，2017 年高达 3 697 845 件，2013—2017 年专利申请的增长率为 80.33%，整体呈现出增速快且稳定的特点；其中，占比最高的是实用新型专利，其次是发明专利，最后是外观设计专利。总体而言，从宏观数据来看，我国研发支出水平是在不断提高的。具体情况如图 5 所示。

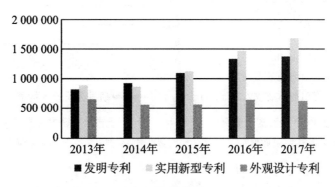

图 5 我国专利数量情况（件）

数据来源：2018 年中国科技统计年鉴。

（三）我国企业创新现状

1. 我国企业研发投入现状

第一，我国企业研发经费支出及占比

我国企业研发经费不断上涨，但是增长量呈现下降趋势。截至 2017 年，我国企业研发经费支出已经达到了 12 013.0 亿元，是 2011 年的 2 倍，整体持续地增长。但与此同时，研发费用支出的增长量在 2013 年、2014 年、2015 年曾出现下降趋势，说明目前我国企业研发经费支出在后期呈现出疲乏的态势，这将影响微观经济主体长期的创新动力。所以，政府需要实施一些有效力的政策，以此提高企业研发经费支出。

同时，从研发经费支出与营业收入之比来看，2011—2015 年也保持稳步上升的态势。总体而言，我国研发经费支出在不断增加，企业的创新投入水平也在不断提高。具体情况如图 6 所示。

第二，我国企业研发投入人员

本文通过 Wind 数据库，选取了 2011—2016 年的上市企业数据，并按年份分别求平均值，得到如图 7 所示的数据。从图 7 可知，2012 年，研发人员平均数量为 959 人。到 2017 年，研发人员平均数量为 1 003 人。可以看到，整体增幅不大，但大致趋势在稳步增长，与前文的宏观数据中显示的稳步增长趋势大致符合。

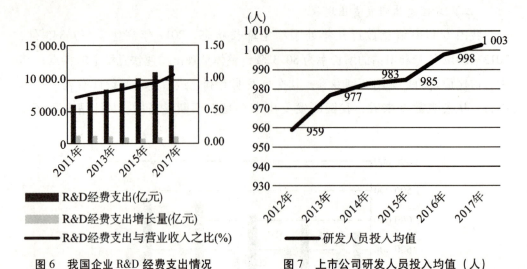

图 6　我国企业 R&D 经费支出情况
数据来源：数据来源于 Wind 数据库。

图 7　上市公司研发人员投入均值（人）
数据来源：数据来源于 Wind 数据库。

2. 我国企业研发支出现状

本文通过 Wind 数据库，选取并披露了 2011—2016 年上市企业专利申请的数据，并按年份分别求平均值，得到如图 8 所示的数据。从披露数据来看，2011 年的上市企业年均专利申请数量为 52 件，2016 年上市企业年均专利申请数量为 89 件。以上说明我国上市企业的创新产出水平也在不断提升。

图 8　我国企业年专利申请均值
数据来源：数据来源于 Wind 数据库。

3. 我国创业板上市企业的创新现状

为进一步了解近年来我国创业板上市企业的创新情况，本文从 Wind 数据库选取并披露了 2010—2017 年的研发经费投入、研发人员占比、专利申请数据，并按年份分别求平均值。从表 2 中可以看出：①研发投入呈逐年上升趋势，其中研发支出强度持续增加；②研发人员占比的增长速度较稳定，但总体增速较慢；③研发产出近十年增速较快，年均增长率为 13.78%。具体情况如表 2 所示。

表2　我国创业板上市企业创新情况

年份	研发投入		研发产出
	研发支出强度（研发支出/营业收入）（%）	研发人员占比（%）	专利申请均值（专利申请总数/企业总数）（件/个）
2010	6.86	22.56	57
2011	6.93	22.64	66
2012	7.06	22.88	68
2013	7.28	22.12	75
2014	7.33	23.08	79
2015	7.59	23.75	92
2016	7.72	24.31	103
2017	7.86	24.73	112

数据来源：数据来源于 Wind 数据库。

综上所述，通过对我国企业宏观数据和企业微观数据的对比分析，我国整体的创新投入和支出水平呈上升趋势，这与企业情况大致相符。这说明，我国的创新水平现状良好，但与部分发达国家相比仍存在创新强度不足、投入项目分配不均等问题，需要在之后的创新发展中引起重视。

三、实证分析

（一）模型构建

1. 变量的选取和假设

第一，被解释变量

研发投入强度：很多学者使用单一的指标去衡量研发投入强度。一部分学者将研发经费支出纳入评价指标中（陶冶，2007），认为研发经费支出越多，则企业研发投入的力度更大；Hertog 和 Rubalcaba（2008）研究了研发经费投入对创新的影响，为促进更有效的研发投入体系和创新政策提供一个新的分析框架；邹洋等人（2016）采用企业研发经费投入与营业收入的比重来衡量研发投入强度。本文认为企业研发投入主要受资金因素的影响，研发经费投入越大，说明企业在进行更大强度的研发行为。因此，本文将研发经费支出作为企业研发投入强度的一项重要指标。

研发产出绩效：目前国内外学者对创新产出绩效的衡量争议较大，未形成统一定论。Robert（1967）、Christif Ernst（2009）和 Adne Cappelen（2011）等国外学者用专利来作为衡量创新产出的指标，研究表明，专利和企业创新之间存在着双向的平均和波动溢出效应；国内学者对创新产出绩效的衡量指标各有不同，部分学者将专利指标纳入企业创新评价体系，如陈广汉和蓝宝江等人（2007）认为专利申请数量是研究技术创新的重要资源。还有一部分学者认为资本化的研发支出可作为衡量创新支出绩效指标，如李维安等人（2016）认为，研发支出的资本化表示该项研发活动在后期已经具备了形成一项新产品或新技术的条件，并被确认为无形资产进而作为成果转换提升企业的经营绩效。同时，李传宪等人（2013）采用资本化的研发支出占当年的研发支出总额比重表示企业研发产出的效率。本文认为研发的资本化说明研发活动在经过初期资本和人力的投入、中期的试验与运作后，已经在后期形成了可作为企业资产的研发成果，代表了研发产出的绩效提升进而对企业的经营绩效产生正向推动。因此，资本化的产业支出与净利润的比值可以代表企业的研发产出绩效。

第二，解释变量

目前对于企业所得税优惠的衡量有很多种，如李维安等人（2006）采用的衡量指标是：企业所得税优惠额 $= CTFE \times (25\%/r - 1)/Sale$。其中，$CTFE$ 表示当期的所得税费用，r 表示当期企业所得税税率，$Sale$ 代表当期的营业收入；而学界采用的衡量指标是另外一种，如邹洋等人（2016）和程曦、蔡秀云等人（2017）的做法是：用所得税的基本税率（25%）减去所得税费用与利润总额之比的差来表示企业所得税优惠数额。本文将采用学界普遍使用的衡量方式进行计量，即 $TS = 0.25 -$ 所得税费用/利润总额计算企业所得税优惠。

第三，控制变量

参考现有文献的研究成果，本文打算选取以下变量作为控制变量：①企业规模（SIZE）：企业研发强度与自身规模有显著关系，具体而言，两者存在倒"U"形关系（朱恒鹏，2006）。本文认为年末总资产能代表企业规模。②净资产收益率（ROE）：一般而言，企业的盈利能力越大，其进行研发活动的动力越强，并且更具备抗风险能力（韩林静，2011）。当企业的营业能力越强，则所形成的现金流越多，能够为企业开展创新活动提供坚实的保障。本文认为净资产收益率能够代表企业的盈利能力。③资产负债率（LEV）：由于创业板企业研发活动具有较高风险，偿债能力在一定程度上决定了企业研发所面临的风险程度（黄国良，2010）。负债的增加会让企业减少对研发的投入，从而增加创新风险。本文认为资产负债率能够合理地衡量企业的财务风险。④销售净利率（SM）：企业产品的获利能力增强，则企业的核心竞争力将提高，这将激发企业进行更多的研发行为（孔淑红，2011）。本文认为销售净利率能够合理衡量企业产品的市场竞争力。⑤营业收入增长率（GROW）：从企业的经营周期来看，处于成长性的企业一般营业收入增长率高，而这类企业有更强的意愿进行研发活动（刘运国、刘雯，2007）。当企业的营业收入增长率越高，则其未来盈利的可能性较大，企业将更有信心进行研发活动。本文认为营业收入增长率可以衡量企业的成长能力。⑥现金流量（CASH）：一般情况下，现金流量越充足的企业其抗风险能力更强，企业进行研发活动的动力更大（袁东任、汪炜，2015）。当企业的现金流量越充足，则其可利用的资金越多，从而进行研发活动的可能性更大。本文认为现金流量可以衡量企业的资金流动能力。

根据以上分析，本文选取了以下六个指标作为控制变量：资产负债率（*LEV*）、企业规模（*SIZE*）、净资产收益率（*ROE*）、销售净利率（*SM*）、营业收入增长率（*GROW*）、现金流量（*CASH*）。同时，设定 *Industry* 为行业虚拟变量，设定 *Year* 为年度虚拟变量。本文变量的具体设置如表3所示。

表3　变量说明表

变量类型	变量名称	变量符号	变量定义
被解释变量	研发经费投入强度（%）	*R&D*	研究支出总额/营业收入
	研发产出绩效（%）	*Effect*	资本化的研发支出/净利润
	研发人员投入（%）	*HRD*	研发人员数量/总人员数量
	专利申请数	*lnpatent*	专利申请数的自然对数
	所得税优惠（%）	*TS*	0.25−所得税费用/利润总额
控制变量	资产负债率	*LEV*	负债总额/资产总额
	企业规模	*SIZE*	总资产的自然对数
	净资产收益率	*ROE*	税后利润/所有者权益
	销售净利率	*SM*	净利润/销售收入
	营业收入增长率	*GROW*	本年营业收入增加额/上年营业收入总额
	现金流量	*CASH*	（期末盈余公积+未分配利润累计折旧）/长期资产
	行业虚拟变量	*ind*	
	年份虚拟变量	*year*	

2. 模型的构建

第一，为了探究所得税优惠对企业研发资金投入的影响，参考邹洋等人（2016）的模型构建方法，建立变截距面板数据模型，并控制行业和年份的影响，建立模型（1）。

$$R\&D_{it} = \alpha_0 + \alpha_1 TS_{it} + \alpha_2 LEV_{it} + \alpha_3 SIZE_{it} + \alpha_4 SM_{it} + \alpha_5 GROW_{it} + \alpha_6 ROE_{it} +$$
$$\alpha_7 CASH_{it} + \sum YEAR + \sum IND + v_i + u_{it} \qquad (1)$$

式中，α_0 为固定截距项，v_i 表示各企业研发资金投入的个体效应，u_{it} 表示随着企业和年份变化的随机扰动项。

第二，为了探究所得税优惠对企业创新产出绩效的影响，参考李维安等人（2006）的模型构建方法。为了说明模型中未观测的反映各企业创新产出绩效的变量的影响，建立变截距面板数据模型，并控制行业和年份的影响，建立模型（2）。

$$Effect_{it} = \alpha_0 + \alpha_1 TS_{it} + \alpha_2 LEV_{it} + \alpha_3 SIZE_{it} + \alpha_4 SM_{it} + \alpha_5 GROW_{it} + \alpha_6 ROE_{it} +$$
$$\alpha_7 CASH_{it} + \sum YEAR + \sum IND + v_i + u_{it} \qquad (2)$$

式中，α_0 为固定截距项，v_i 表示各企业创新产出绩效的个体效应，u_{it} 表示随着企业和年份变化的随机扰动项。

第三，本文参考该学者的做法，为了探究研发投入在所得税优惠影响企业创新产出绩效过程中起到的中介作用，在模型（1）和模型（2）的基础上，建立模型（3）。

$$Effect_{it} = \alpha_0 + \alpha_1 TS_{it} + \alpha_2 RD_{it} + \alpha_3 LEV_{it} + \alpha_4 SIZE_{it} + \alpha_5 SM_{it} + \alpha_6 GROW_{it} +$$

$$\alpha_7 ROE_{it} + \alpha_8 CASH_{it} + \sum YEAR + \sum IND + v_i + u_{it} \qquad (3)$$

式中，α_0 为固定截距项，v_i 表示各企业创新产出绩效的个体效应，u_{it} 表示随着企业和年份变化的随机扰动项。

模型（2）中，若 *TS* 变量前的系数显著，则可以进行中介效应检验。模型（1）中，若 *TS* 变量前的系数显著，且模型（3）中 *R&D* 前的系数显著，说明研发资金投入在所得税优惠影响企业创新产出绩效的过程中存在中介作用。模型（3）中，若 *TS* 变量前的系数显著，说明该中介效应为部分中介效应；若 *TS* 变量前的系数不显著，说明该中介效应为完全中介效应。

本文采用 2010—2017 年 253 家创业板上市企业的面板数据进行分析。由于面板数据包含截面变动和时间序列变动，首先需要进行模型的识别。对模型（1）至模型（3）进行 Hausman 检验，模型（1）至模型（3）的统计量的对应 p 值分别为 0.039 0、0.024 5、0.000 0，小于 5% 的显著性水平，拒绝原假设，而 Hausman 检验的原假设为模型是随机效应，对立假设模型是固定效应，所以模型（1）至模型（3）均是固定效应变截距模型。

（二）实证分析过程

1. 企业所得税优惠对企业研发经费投入强度的影响分析

为了探究所得税优惠对研发经费投入强度的影响，对模型（1）进行回归分析，得到的结果如表 4 所示。

表 4　企业所得税优惠对企业研发经费投入强度的影响的回归结果表

变量	(1) R&D	(2) R&D	(3) R&D	(4) R&D	(5) R&D	(6) R&D	(7) R&D
TS	0.831 ***	0.823 ***	0.823 ***	0.820 ***	0.798 ***	0.799 ***	0.799 ***
	(7.800)	(7.454)	(7.378)	(7.385)	(7.138)	(7.119)	(7.094)
LEV		−3.150 ***	−3.156 ***	−3.671 ***	−3.833 ***	−3.829 ***	−3.829 ***
		(−2.825)	(−2.828)	(−3.283)	(−3.411)	(−3.407)	(−3.405)
SIZE			0.084	0.236	0.056	0.047	0.046
			(0.262)	(0.739)	(0.175)	(0.147)	(0.144)
SM				−1.309 ***	−1.289 ***	−1.284 ***	−1.287 ***
				(−3.717)	(−3.649)	(−3.633)	(−3.632)
GROW					−0.170	−0.171	0.170
					(−0.644)	(−0.648)	(0.642)

表4（续）

变量	（1）R&D	（2）R&D	（3）R&D	（4）R&D	（5）R&D	（6）R&D	（7）R&D
ROE						0.856 ***	0.862 ***
						(4.551)	(4.554)
CASH							0.073 **
							(2.345)
常数项	3.446 ***	4.390 ***	2.713 ***	−2.786 ***	2.002 ***	2.156 ***	2.167 ***
	(5.793)	(5.010)	(5.351)	(−4.356)	(5.255)	(5.274)	(5.275)
行业	控制	控制	控制	控制	控制	控制	控制
年份	控制	控制	控制	控制	控制	控制	控制
样本量	2 024	2 024	2 024	2 020	2 008	2 008	2 008
R^2	0.466	0.470	0.470	0.474	0.474	0.475	0.476
F	27.103 ***	26.751 ***	26.027 ***	26.004 ***	24.097 ***	23.501 ***	22.921 ***

注：***、**、*分别表示在1%、5%和10%的水平上显著；括号内为系数t值。

从表4可以看出，模型（1）中的 F 值为22.921，且在1%的水平上显著，即回归结果联合显著。拟合优度 R^2 达到0.476，说明模型的拟合效果较好。TS 的系数为0.799，且在1%的水平上显著，说明所得税优惠对研发经费投入强度有显著正影响，所得税优惠幅度提高会提高企业研发资金投入，且所得税优惠增加1%，企业研发经费投入强度平均提高0.799%。企业获得更多的所得税优惠可以提高企业的研发经费投入强度，这与王苍峰（2009）的实证研究结果相符。

2. 所得税优惠对企业研发产出绩效的影响分析

为了探究所得税优惠对企业研发产出绩效的影响，对模型（2）进行回归分析，得到的结果如表5所示。

表5　企业所得税优惠对企业研发产出绩效影响的回归结果表

变量	（1）Effect	（2）Effect	（3）Effect	（4）Effect	（5）Effect	（6）Effect	（7）Effect
TS	0.837 ***	0.829 ***	0.829 ***	0.826 ***	0.804 ***	0.805 ***	0.805 ***
	(6.035)	(5.690)	(6.611)	(6.621)	(6.381)	(6.364)	(6.338)
LEV		−3.119 ***	−3.124 ***	−3.642 ***	−3.797 ***	−3.794 ***	−3.794 ***
		(−2.798)	(−2.801)	(−3.259)	(−3.381)	(−3.377)	(−3.375)
SIZE			0.075 ***	0.228 ***	0.052 ***	0.043 ***	0.042 ***
			(4.234)	(4.714)	(4.164)	(4.134)	(4.131)
SM				−1.316 ***	−1.294 ***	−1.289 ***	−1.293 ***
				(−3.737)	(−3.666)	(−3.649)	(−3.650)
GROW					0.152	0.153	0.151
					(0.574)	(0.578)	(0.571)

表5（续）

变量	(1) Effect	(2) Effect	(3) Effect	(4) Effect	(5) Effect	(6) Effect	(7) Effect
ROE						0.921 ***	0.927 ***
						(4.592)	(4.996)
CASH							0.083
							(0.163)
常数项	5.834 ***	6.769 ***	5.271 ***	-0.255 ***	4.466 ***	4.631 ***	4.643 ***
	(4.344)	(4.559)	(4.682)	(-5.033)	(4.568)	(4.589)	(4.590)
行业	控制	控制	控制	控制	控制	控制	控制
年份	控制	控制	控制	控制	控制	控制	控制
样本量	2 024	2 024	2 024	2 020	2 008	2 008	2 008
R^2	0.472	0.475	0.476	0.480	0.480	0.482	0.482
F	27.743 ***	27.371 ***	26.630 ***	26.607 ***	24.673 ***	24.065 ***	23.471 ***

注：***、**、*分别表示在1%、5%和10%的水平上显著；括号内为系数 t 值。

从表5可以看出，模型（2）中的 F 值为 23.471，且在1%的水平上显著，即回归结果联合显著。拟合优度 R^2 达到 0.482，说明模型的拟合效果较好。TS 的系数为 0.805，且在1%的水平上显著，说明所得税优惠对研发产出绩效有显著正影响，所得税优惠幅度提高会提升企业研发产出绩效，且所得税优惠幅度提高1%，研发产出绩效平均增加 0.805%。企业获得更多的所得税优惠可以提升企业研发产出绩效。该结果与谢运（2012）的实证结果大致相符。

3. 研发投入在所得税优惠影响企业研发产出绩效过程中的中介效应分析

上文中已验证模型（2）中 TS 变量前的系数显著，即可以进行中介效应检验。为了探究研发资金投入在所得税优惠影响研发产出绩效过程中的中介效应，继续探究模型（3）的情况。对模型（3）进行回归分析，得到的结果如表6所示。

表6　中介效应的回归结果表

变量	(1) Effect	(2) Effect	(3) Effect	(4) Effect	(5) Effect	(6) Effect	(7) Effect
TS	0.011 ***	0.008 ***	0.013 ***	0.010 ***	0.008 ***	0.007 ***	0.007 ***
	(5.994)	(5.707)	(5.987)	(5.678)	(5.771)	(5.829)	(5.818)
R&D	0.905 ***	0.912 ***	0.908 ***	0.806 ***	0.906 ***	0.910 ***	0.829 ***
	(8.712)	(8.979)	(8.820)	(8.047)	(8.737)	(8.822)	(8.487)
LEV		-0.028 ***	-0.028 ***	-0.024 ***	-0.032 ***	-0.032 ***	-0.032 ***
		(-3.745)	(-3.761)	(-3.654)	(-3.825)	(-3.830)	(-3.830)
SIZE			0.009 ***	0.008 ***	0.003 ***	0.004 ***	0.004 ***
			(4.838)	(4.739)	(4.320)	(4.382)	(4.391)
SM				-0.008 ***	-0.007 ***	-0.007 ***	-0.007 ***
				(-3.661)	(-3.576)	(-3.547)	(-3.583)

表6（续）

变量	（1）Effect	（2）Effect	（3）Effect	（4）Effect	（5）Effect	（6）Effect	（7）Effect
GROW					0.019	0.018	0.019
					(0.062)	(0.053)	(0.071)
ROE						0.065 ***	0.066 ***
						(4.240)	(4.253)
CASH							0.009
							(0.534)
常数项	2.393 ***	2.384 ***	2.561 ***	2.527 ***	2.466 ***	2.478 ***	2.479 ***
	(16.684)	(16.569)	(10.011)	(9.697)	(9.246)	(9.287)	(9.288)
行业	控制	控制	控制	控制	控制	控制	控制
年份	控制	控制	控制	控制	控制	控制	控制
样本量	2 024	2 024	2 024	2 020	2 008	2 008	2 008
R^2	0.558	0.560	0.563	0.566	0.566	0.569	0.569
F	52.924 ***	51.393 ***	49.259 ***	48.456 ***	43.914 ***	42.130 ***	41.357 ***

注：***、**、* 分别表示在1%、5%和10%的水平上显著；括号内为系数 t 值。

从表6可以看出，模型（3）中的 F 值为41.357，且在1%的水平上显著，即回归结果联合显著。拟合优度 R^2 达到0.569，说明模型的拟合效果较好。模型（3）中，TS 的系数为正，且在1%的水平上显著，与模型（2）中 TS 的系数符号及显著性相同，即在考虑研发资金投入对创新产出绩效的影响后，所得税优惠对企业创新产出绩效仍有显著正影响。前文验证模型（1）中，TS 的符号为正，且在1%的水平上显著，说明所得税优惠对研发资金投入有显著的正影响。而模型（3）中，RD 的系数为正，且在1%的水平上显著，说明在考虑所得税优惠对企业创新产出绩效的影响后，研发资金投入对企业创新产出绩效仍有显著的净的正影响，即研发资金投入在所得税优惠影响企业创新产出绩效过程中起到中介作用。

控制变量的系数显著性及符号与模型（2）的回归结果相同。

4. 稳健性检验

本文利用衡量企业创新产出绩效的另一个变量专利申请数（lnPatent）替代原模型中的 Effect、衡量公司研发投入的另一个变量研发人员数量占比（HRD）替代原模型中的 RD 做原模型的稳健性检验，以判断所得税优惠对企业创新产出绩效的影响、所得税优惠对研发投入的影响、研发投入在所得税优惠影响企业创新产出绩效的过程中的中介效应的结论是否稳健。

对稳健性检验进行 Hausman 检验，统计量的对应 p 值分别为0.015 7、0.000 1、0.000 0，小于5%的显著性水平，拒绝原假设，而 Hausman 检验的原假设模型是随机效应，对立假设模型是固定效应，稳健性检验是固定效应变截距模型。

第一，企业所得税优惠对企业研发投入强度影响的稳健性检验

目前很多学者将研发投入强度分为研发资本投入和研发人力投入，税负的大

小会对企业的研发人员投入产生影响，当企业的税负减小时，会利用很多的资源去激发研发人员的创新活力，从而推动企业的创新发展（孙莹，2016）。肖鹏（2011）采用企业研发人员占比对研发投入强度进行衡量，结果显示，税收优惠对研发人员具有显著的正向作用。企业对特定研发人员符合条件的培训费用及福利等可以进行税前扣除，这将降低企业的经营成本，进而促使创新投入。同时，当研发投入的形式是人力资本，则研发投入不易被调整，并且更加倾向于保持持续的稳定状态。因此，本文采用研发人员数量占比（HRD）替代原模型中的 R&D 来衡量企业研发投入强度，作为原模型的稳健性检验。其中，研发人员数量占比＝研发人员数量/总人员数量。为了探究企业所得税优惠对企业研发人员投入强度的影响，回归分析结果如表 7 所示。

表 7　企业所得税优惠对企业研发投入强度影响的稳健性检验

变量	(1) HRD	(2) HRD	(3) HRD	(4) HRD	(5) HRD	(6) HRD	(7) HRD
TS	0.046 ***	0.043 ***	0.033 ***	0.032 ***	0.035 ***	0.031 ***	0.027 ***
	(5.230)	(5.131)	(5.039)	(5.035)	(5.231)	(5.119)	(5.022)
LEV		−0.351 ***	−0.362 ***	−0.388 ***	−0.453 ***	−0.448 ***	−0.431 ***
		(−3.021)	(−3.227)	(−3.391)	(−3.907)	(−3.763)	(−3.827)
SIZE			1.839 ***	2.397 ***	1.230 ***	1.026 ***	1.022 ***
			(4.233)	(6.431)	(3.992)	(3.895)	(3.833)
SM				−0.125	−0.051	−0.043	−0.072
				(−0.402)	(−0.087)	(−0.063)	(−0.102)
GROW					0.658	0.662	0.734
					(1.273)	(1.282)	(1.251)
ROE						3.365 ***	3.583 ***
						(4.463)	(4.790)
CASH							0.956 **
							(2.256)
常数项	10.428 ***	11.691 ***	9.662 ***	9.358 ***	9.103 ***	9.659 ***	9.633 ***
	(7.225)	(7.417)	(6.920)	(6.451)	(6.355)	(6.882)	(6.845)
行业	控制	控制	控制	控制	控制	控制	控制
年份	控制	控制	控制	控制	控制	控制	控制
样本量	1 458	1 458	1 458	1 366	1 235	1 235	1 235
R^2	0.562	0.574	0.566	0.590	0.532	0.560	0.558
F	42.133 ***	39.227 ***	39.126 ***	39.011 ***	37.208 ***	33.712 ***	31.628 ***

注：***、**、* 分别表示在1%、5%和10%的水平上显著；括号内为系数 t 值。

由表 7 可知：①该模型中的 F 值为 31.628，在 1% 的水平上显著，即回归结果联合显著。拟合优度 R^2 达到 0.558，说明能解释专利申请数变化的 55.8%，模型的拟合效果较好。②从稳健性结果可以看出，对模型进行变量替换后，自变量、中介变量对因变量的系数符号及显著性并没有发生大的改变。③TS 的系数仍为正，且在 1% 的水平上显著，即所得税优惠对研发人员投入有显著正影响，所得税优惠的增加会提高企业研发人员投入，且所得税优惠增加 1%，企业研发人员投入平均提高 0.027%。由此可知，所得税优惠对企业研发投入有正影响的结论通过了稳健性检验。

第二，所得税优惠对企业研发产出绩效影响的稳健性检验

企业发明的有效专利数、新产品的销售收入和新产品的销售利润可以用以作为衡量企业研发产出绩效的指标（郑春美、李佩，2015）；同时，专利数尤其是发明专利在一定程度上可以说明企业的研发投入效率，即研发产出绩效（夏力，2012）。专利是企业研究的实质性成果，具有一定的商业价值，代表了企业研发的商业性转化，也能够提高企业的经营绩效。因此，本文利用衡量企业创新产出绩效的另一个变量专利申请数（$lnPatent$）替代原模型中的 $Effect$。为了探究企业所得税优惠对企业专利申请数的影响，回归分析结果如表 8 所示。

表 8　所得税优惠对企业研发产出绩效影响的稳健性检验

变量	(1) lnpatent	(2) lnpatent	(3) lnpatent	(4) lnpatent	(5) lnpatent	(6) lnpatent	(7) lnpatent
TS	0.089 ***	0.083 ***	0.082 ***	0.075 ***	0.058 ***	0.063 ***	0.061 ***
	(6.925)	(6.621)	(6.613)	(6.579)	(6.210)	(6.341)	(6.338)
LEV		−0.055	−0.057	−0.065	−0.077	−0.076	−0.072
		(−1.052)	(−1.071)	(−1.235)	(−1.434)	(−1.432)	(−1.351)
$SIZE$			0.068 ***	0.124 ***	0.053 ***	0.026 ***	0.024 ***
			(3.991)	(4.782)	(3.785)	(3.662)	(3.593)
SM				0.076 **	0.047 **	0.039 **	0.044 **
				(2.925)	(2.611)	(2.436)	(2.538)
$GROW$					0.025 ***	0.021 ***	0.022 ***
					(3.018)	(2.960)	(2.993)
ROE						0.012 ***	0.014 ***
						(3.992)	(4.193)
$CASH$							0.012
							(0.502)
常数项	0.921 ***	0.673 ***	0.866 ***	0.284 ***	0.477 ***	0.465 ***	0.485 ***
	(5.853)	(5.681)	(5.429)	(5.113)	(5.436)	(5.352)	(5.480)

表8（续）

变量	（1）lnpatent	（2）lnpatent	（3）lnpatent	（4）lnpatent	（5）lnpatent	（6）lnpatent	（7）lnpatent
行业	控制	控制	控制	控制	控制	控制	控制
年份	控制	控制	控制	控制	控制	控制	控制
样本量	1 984	1 984	1 984	1 925	1 817	1 817	1 817
R^2	0.567	0.572	0.575	0.579	0.582	0.595	0.597
F	60.123***	59.582***	58.192***	58.165***	58.232***	58.379***	58.166***

注：***、**、*分别表示在1%、5%和10%的水平上显著；括号内为系数t值。

由表8可知：①该模型中的 F 值为 58.166，在 1% 的水平上显著，即回归结果联合显著。拟合优度 R^2 达到 0.597，说明该模型能解释专利申请数变化的 59.7%，模型的拟合效果较好。②从稳健性结果可以看出，对模型进行变量替换后，自变量、中介变量对因变量的系数符号及显著性并没有发生大的改变。③TS 的系数仍为正，且在 1% 的水平上显著，即所得税优惠对专利申请数有显著正影响，所得税优惠的提高会促进企业专利申请数的增加，且所得税优惠增加 1%，企业专利申请数平均增加 6.1%。由此可知，所得税优惠对企业创新产出绩效有正影响的结论通过了稳健性检验。

第三，研发投入的中介效应的稳健性检验

本文利用衡量公司研发投入的另一个变量研发人员数量占比（HRD）替代原模型中的 R&D、衡量企业创新产出绩效的另一个变量专利申请数（lnPatent）替代原模型中的 Effect 做原中介效应模型的稳健性检验，以判断研发投入在所得税优惠影响企业创新产出绩效的过程中的中介效应的结论是否稳健。为了探究企业所得税对专利申请数产生影响时，研发人员投入所起到的中介效应，回归分析结果如表9所示。

表9　中介效应的稳健性检验

变量	（1）lnpatent	（2）lnpatent	（3）lnpatent	（4）lnpatent	（5）lnpatent	（6）lnpatent	（7）lnpatent
TS	0.025***	0.031***	0.028***	0.027**	0.038***	0.023***	0.022***
	(3.327)	(3.759)	(3.558)	(3.332)	(3.860)	(3.221)	(3.169)
HDR	0.012**	0.010**	0.007**	0.006**	0.010**	0.003**	0.004**
	(2.673)	(2.545)	(2.431)	(2.254)	(2.568)	(2.237)	(2.254)
LEV		−0.155	−0.147	−0.145	−0.158	−0.153	−0.154
		(−1.603)	(−1.521)	(−1.517)	(−1.722)	(−1.570)	(−1.598)
SIZE			0.080**	0.078**	0.085**	0.084**	0.081**
			(2.312)	(2.235)	(2.397)	(2.366)	(2.274)

表9（续）

变量	(1) lnpatent	(2) lnpatent	(3) lnpatent	(4) lnpatent	(5) lnpatent	(6) lnpatent	(7) lnpatent
SM				0.010**	0.012**	0.013**	0.012**
				(2.285)	(2.296)	(2.321)	(2.307)
GROW					0.023***	0.022***	0.025***
					(3.389)	(3.337)	(3.470)
ROE						0.336***	0.328***
						(3.927)	(3.812)
CASH							0.034
							(0.947)
常数项	-0.986***	-0.965**	-0.980***	-0.996***	-0.998***	-0.982***	-0.997***
	(-4.557)	(-4.127)	(-4.356)	(-4.290)	(-4.561)	(-4.553)	(-4.327)
行业	控制	控制	控制	控制	控制	控制	控制
年份	控制	控制	控制	控制	控制	控制	控制
样本量	1 256	1 256	1 256	1 120	1 072	1 072	1 072
R^2	0.607	0.622	0.675	0.614	0.627	0.633	0.626
F	25.566***	24.662***	23.550***	23.098***	24.671***	23.639***	23.578***

注：***、**、*分别表示在1%、5%和10%的水平上显著；括号内为系数 t 值。

由表9可知：①该模型中的 F 值为23.578，在1%的水平上显著，即回归结果联合显著。拟合优度 R^2 达到0.626，说明该模型能解释专利申请数变化的62.6%，模型的拟合效果较好。②从稳健性结果可以看出，对模型进行变量替换后，自变量、中介变量对因变量的系数符号及显著性并没有发生大的改变。③TS 的系数仍为正，且在1%的水平上显著，HRD 的系数仍为正，且在1%的水平上显著，说明在考虑所得税优惠对专利申请数的影响后，研发人员投入对专利申请数仍有显著的净的正影响，即研发人员投入在所得税优惠影响企业专利申请数的过程中起到中介作用，所得税优惠的增加会带来研发人员投入的提高。由此可知，研发投入在所得税优惠影响企业创新产出绩效过程中起到中介作用的结论通过了稳健性检验。

四、研究结论与政策建议

我国创业板上市企业的研发投入强度、研发产出绩效总体水平较高，但各企业之间存在很大差异，并且不同企业所享受的企业所得税优惠相差较大；企业所得税优惠与企业的研发投入强度、企业的创新产出绩效有显著的正相关性；同时企业所得税优惠对研发产出的显著性影响是高于研发投入的，这反映了企业所得税优惠能够显著提升企业的创新产出绩效，其中包括资本化的经费支出和专利的有限申请，即在企业创新活动的"成果转化"和"产业化"阶段，企业所得税优惠政策的激励作用十分显著；企业研发投入在企业所得税优惠对企业创新产出的影响中起到完全中介作用。

近年来，我国一直在进行税制改革，探寻更加合理、科学的税制。同时，为了更好地转变经济发展模式，促进创新驱动，我国制定了很多可以促进企业创新的税收优惠政策。但是，从整个促进创新的税收优惠政策体系来看，依旧存在一些不甚完善的方面。本文在我国创新现状和现行税收优惠政策的基础上，结合前章的理论分析与实证研究，提出以下政策建议：

（一）对不同行业和规模的企业实施差异化的税收优惠政策

前文的理论分析中，税收优惠政策对处于不同行业和规模企业的激励效果是不同的。但根据前文的分析，我国现行税法中优惠政策对于同一类企业所采取的税收政策基本是相同的，这样的方式会削弱政策的作用力度。因此，政府应该根据各个微观主体的差异采用针对性和差异化的企业所得税优惠政策。例如：对于资本密集型企业，应通过加速折旧的优惠方式给予更有效的激励作用；对于人员密集型企业，应该对其研发人员实施更多的减免税政策，以激发研发人员的创新活力，提高创新效率；对于中小型企业，其创新风险较高，应该采用税收返还等措施激励这类企业进行研发活动。

（二）提高企业所得税优惠政策的覆盖面，构建普惠与特惠结合的优惠体系

前文的现状分析中提到由于我国企业的整体创新水平还不高，并且激励的覆盖面较窄，优惠力度不够，尤其对创业板等中小企业的激励不足，所以应当提高普惠政策的覆盖面，加大优惠力度，并且做到特惠与普惠相结合。首先，可以设置中小企业的特殊优惠条款，包括明确相关的认定标准、增加研发费用加计扣除比例、设置对技术研发的专项税收政策并放宽限制条件等；其次，可以降低部分高新技术企业的认定标准；最后，可以通过取消部分研发费用加计扣除的条件限制，使得加计扣除这一优惠方式成为一种基本的激励创新的税收优惠政策。另外，通过前面实证检验我们得知，企业所得税优惠对于研究开发阶段的创新投入和成果转化、产业化阶段的创新产出均有正向作用，故普惠政策适合以企业所得税优惠作为政策实施的突破口。

（三）优化优惠方式，提高间接优惠或税基式优惠比重

由前文的政策现状分析可以得知，目前我国采用的主要税收优惠方式是直接优惠，但由于直接优惠是作用于后期研发成果转化阶段，不利于激发企业持续的创新投入。而间接优惠则作用于创新活动的前期和中期，对企业的长期创新发展起着关键作用。同时，税率式优惠是利用创新资本存量而带来的未来税后利益的现值而产生优惠效果，税基式优惠比较关注企业创新资本的增量，也就是说只有增加研发投入才能够满足税基式优惠条件。因此，税基式优惠促进企业创新投入的效果更加显著。因此，一方面应该提高以税收抵免、研究开发等方式为主的间接优惠的比重，另一方面应该多采取加速折旧、加计扣除等税基式优惠。通过提高间接优惠或税基式优惠的比重，可以促使政策有效地作用于创新环节的前期过

程，进而激发企业的创新活力。

（四）简化享受税收优惠政策的程序，提高税收优惠政策的可操作性

在实务中，企业申请创新类相关的税收优惠政策程序烦琐，耗费的时间成本和人力成本高，这在一定程度上打击了企业申请创新类相关税收优惠政策的积极性，也制约了税收优惠政策发挥促进、激励企业创新的作用。所以，为了更好地发挥税收激励创新的作用应该优化税收管理机制，在程序设计上应当简化享受税收优惠的程序，提高税收优惠政策的可操作性。首先，在税收执法的过程中相关部门应该做到执法规范，不断推进体制、技术及模式的改革创新，如可以完善部门间的信息管理系统进而使执法过程更具有效率；其次，在纳税服务的过程中应该尽可能减少审批程序和流程，也可以建立事后评价机制以便探索更具有效率的征收管理体系；最后，还应该加强宣传教育工作，避免因信息不对称导致的纳税效率不高、政策实施不到位等问题。

参考文献：

［1］BERNSTEIN J I. The Effect of Direct and Indirect Tax Incentives on Canadian Industrial R&D Expenditures ［J］. Canadian Public Policy, 1986, 12 (3).

［2］BLOOM N. Do R&D Tax Credits Work? Evidence from a Panel of Countries 1979—1997 ［J］. Journal of Public Economics, 2002, 85 (1).

［3］BROWN J L, KRULL L K. Stock Options, R&D and the R&D Tax Credit ［J］. The Accounting Review, 2008 (83): 705-734.

［4］CZARNITZKI D, P HANEL, J M ROSA. Evaluating the Impact of R&D Tax Credits on Innovation: A Micro Econometric Study on Canadian Firms ［J］. Research Policy, 2011 (2): 217-229.

［5］HALL B H, VAN REENEN J. How effective are fiscal incentives for R&D? A review of the evidence ［J］. Research Policy, 2000 (29): 449-469.

［6］KLASSEN K J, PITTMAN J A, REED M P. A Cross-national Comparison of R&D Expenditure Decision: Tax Incentives and Financial Constraints ［J］. Contemporary Accounting Research, 2004 (21): 639-684.

［7］PERETTO P F. Corporate taxes, growth and welfare in a Schumpeterian economy ［J］. Journal of Economic Theory, 2007, 137 (1): 353-382.

［8］ROBERT EISNER, DALE W. Jorgenson. Tax policy and investment behavior: comment ［J］. The American economic review, 1967 (3): 379-388.

［9］程曦, 蔡秀云. 税收政策对企业技术创新的激励效应——基于异质性企业的实证分析 ［J］. 中南财经政法大学学报, 2017 (6): 94-02.

［10］冯海红, 曲婉, 李铭禄. 税收优惠政策有利于企业加大研发投入吗？［J］. 科学学研究, 2015 (5): 665-673.

［11］华海岭, 吴和成. 大中型工业企业的创新税收激励政策的效应分析 ［J］. 科技与经济, 2013 (2): 6-10.

[12] 黄国良，董飞. 我国企业研发投入的影响因素研究——基于管理者能力与董事会结构的实证研究 [J]. 科技进步与对策，2010，27 (17)：103-106.

[13] 李维安，李浩波，李慧聪. 创新激励还是税盾？——高新技术企业税收优惠研究 [J]. 科研管理，2016 (11)：61-70.

[14] 梁彤缨，冯莉，陈修德. 税式支出、财政补贴对研发投入的影响研究 [J]. 软科学，2012 (5).

[15] 刘运国，刘雯. 我国上市公司的高管任期与 R&D 支出 [J]. 管理世界，2007 (1)：128-136.

[16] 孟庆启. 完善高新技术企业税收优惠政策研究 [J]. 工作研究，2007，51 (4)：46-50.

[17] 乔天宝. 促进高新技术产业技术创新的税收优惠政策实证研究 [D]. 重庆：重庆大学，2010.

[18] 石绍宾，周根根，秦丽华. 税收优惠对我国企业研发投入和产出的激励效应 [J]. 税务研究，2017 (3)：43-47.

[19] 孙莹，顾晓敏. 从国际比较看我国研发税收激励政策的特征与问题 [J]. 科技进步与对策，2013，30 (24)：143-147.

[20] 孙莹. 税收激励与企业科技创新——基于税种、优惠方式差异的研究 [J]. 上海市经济管理干部学院学报，2016，14 (4)：28-37.

[21] 陶冶，许龙. 工业企业技术创新评价的研究 [J]. 山西统计，2007 (1)：4-5.

[22] 王苍峰. 基于我国制造业企业数据的实证分析 [J]. 税务研究，2009 (11).

[23] 夏力. 税收优惠能否促进技术创新：基于创业板上市公司的研究 [J]. 中国科技论坛，2012 (12)：56-61.

[24] 朱恒鹏. 企业规模、市场力量与民营企业创新行为 [J]. 世界经济，2006 (12)：41-52.

[25] 邹洋，聂明明，郭玲，等. 财税政策对企业研发投入的影响 [J]. 税务研究，2016 (8)：42-46.

房地产税收对房价的影响研究

——以四川省为例

李宛姝

内容提要： 自住房制度改革以来，房地产市场的过度繁荣和房价的持续走高，滋生了一系列社会问题，房地产税收政策已经成为调控房价的重要手段之一。本文以流转环节和保有环节的房地产税作为分界点，分别运用 AD-AS 模型和现代资产定价理论模型，从理论角度分析房地产税收对房价的影响。实证分析时，构建动态计量模型，采用四川省 2002—2017 年 18 个地级市的面板数据进行 GMM 估计，结果显示，流转环节的房地产税与房价呈显著正相关关系，保有环节的房地产税与房价呈显著负相关关系。根据理论和实证分析得出的结论，针对现行房地产税体系的缺陷，提出推进房地产税立法、"精流转，扩保有"、完善房地产配套体系等相关政策建议，以期增强房地产税收对房价的调控效应，稳定房地产市场。

关键词： 房地产税；房价；GMM 估计

一、引言

房地产行业对于我国国民经济来说，具有不可或缺的重要性。一方面，国内生产总值的稳健增长与房地产行业有着密不可分的联系，房地产行业成为地方政府公共财政收入的有力后盾；另一个方面，因其具有较高的关联度和较强的带动力，房地产行业的迅速发展也能带动与其相关联的物业、家具、建材以及金融等行业的发展，在产业链中形成的"联动效应"效果十分显著。

从 20 世纪 90 年代开始，我国房地产逐渐展开货币化和市场化改革，房地产行业进入了前所未有的迅猛发展的时代，无论是房地产的投资数量及资金还是房地产的销售额和销售数量，均处于持续扩张状态，国内生产总值逐年增长，与此同时商品房平均销售价格也在不断攀升。国家统计局的报告显示，2000—2017 年我国商品房销售均价同比分别上涨 2.87%、2.75%、3.69%、4.84%、15.05%、16.73%、6.28%、14.76%、−1.66%、23.18%、7.50%、6.46%、8.10%、7.70%、

作者简介： 李宛姝，西南财经大学财政税务学院本科生。

1.39%、7.42%、10.05%、5.56%。从以上的数据可以看出，除受到金融危机影响的 2008 年商品房平均销售价格下降以外，其他年份都呈现正增长趋势。全国范围内的房价平均值从 2000 年的 2 112 元/平方米，在短短不到 20 年的时间里，迅速增至 2017 年的 7 892 元/平方米，这足以体现出我国房地产市场处于非理性发展的状态。

商品房平均销售价格的不间断走高，引发了相关的经济风险和社会矛盾。普通老百姓难以承担居高不下的房价，将其视作生活需求的累赘。人数众多的中低收入者对于房地产的消费需求持续被打压和抑制，取而代之的是风险系数极高的投资需求。房地产形成投机市场，投机性购房占比增加，泡沫化的风险系数不间断地扩大，无论是对于房地产行业的健康发展还是对于社会的和谐安定，都形成了极大的威胁。因此，必须监管和控制房地产市场、稳定房价。

为了让房地产行业的发展重新变得健康和可持续，我国中央政府从经济、行政、法律等方面采取了一系列稳定房价、调控房地产业的政策，如 2005 年《关于切实稳定住房价格的通知》提出抑制住房价格过快上涨的"国 8 条"、2006 年将调整住房供应结构作为调控着力点的"国 6 条"、2010 年被称为"史上最严厉的调控政策"的"国 10 条"等代表性宏观调控政策。

以 2018 年召开的全国人民代表大会为标志，李克强总理提出要逐步建设完善地方税体系和相关制度，稳妥适时地开展房地产行业税收相关的法律法规的开立工作。由此可见，积极适时地推动房地产税变革的进程，充分施展房地产行业相关税收对商品房销售价格和房地产市场稳定性的影响作用，已经成为中央决策层的共识。

二、文献综述

（一）国外研究现状

1. 国外学者关于流转环节房地产税对房价影响的研究

国外学术界普遍认为，征收于房地产流转阶段的房地产税，将利用其对商品房销售价格的影响，完全转嫁给住房消费者承担，即传统论。

Simon（1943）是最初提出传统观点的学者，Netzer（1966）也被认为处于该观点的创始人地位。住房流量模型被这两位创始人用于二者关系的研究和验证，探讨结果是消费者是流转环节房地产税负的主要承担者，因而房价被推高。Lundborg 和 Skedinger（1999）研究发现，在短时期内，房价会受流转阶段征收的房地产税影响而减低。

2. 国外学者关于保有环节房地产税对房价影响的研究

关于保有阶段征收的房地产体系下税收与房地产价格的关系，国外学术界存在受益论和新论两种主流观点。

蒂布特模型采用该模型的提出者 Tiebout（1956）的名字进行命名，是第一种主流观点受益论的开端和起源，该模型认为居民可以通过"用脚投票"的方式来选择税收水平和公共服务水平最适合自己偏好的居住区域。Oates（1969）在探究房地产行业相关税收与商品房平均销售价格二者之间的关系时，运用的回归方法是最小二乘法，采用的支撑数据属于城镇水平的面板数据，得出的结论是商品房平均销售价格与地方公共支出正向关联，而与保有阶段征收的房地产行业税收存在负方向的关联关系。Fischel（1992）以 Hamilton（1975）模型为基础，提出划分地区的法条规定，论证了房地产行业的相关税收能够促使商品房平均出售价格升高，不但与土地区划的制度有关，还与"用脚投票"的方式有所联系。

在研究房地产行业相关税收与商品房平均销售价格二者之间的关系时，Harberger（1962）使用的模型是一般均衡模型。但 Mieszkowski（1972）认为这种模型在研究二者关系的过程中有所不足，因此对其进行了改进和调整，成为最初提出另一种主流观点新论的学者。他研究得出的结论是，房地产税会对国内资本存量在各辖区之间的资源配置产生扭曲效应。McDonald（1993）认为，在很大程度上，商品房销售价格与保有阶段商业房地产税税率的变化有关系，他使用的是芝加哥地区的面板数据，属于县级水平，对新论进行实证验证，从而发现二者的相关性较为显著。

（二）国内研究现状

1. 国内学者关于流转环节房地产税对房价影响的研究

国内研究这个主题的一部分学者认为，征收于流转阶段的房地产税在控制商品房平均销售价格方面的效果非常显著。以陈多长（2004）为代表的专家、学者，开创了将现代资产理论纳入研究模型中，进行房地产税收政策对住宅资产价格影响的研究的先河，得出住宅转让所得税对住宅市场价格起到了一定抑制作用的结论。

2. 国内学者关于保有环节房地产税对房价影响的研究

商品房平均销售价格会受到保有阶段房地产税的征收的抑制，而且抑制作用显著，这是国内学术界的主流观点之一。以陈多长、踪家峰（2004）为代表的专家、学者认为，房地产税能够促使房屋租金价格高涨，同时对住宅价格有抑制作用。况伟大、马一鸣（2010）构建了动态面板模型，选取全国范围内 33 个大城市和中等城市 13 年的面板数据，研究发现，物业税与商品房均价之间的相关关系是负方向的。况伟大、朱勇、刘江涛（2012）针对税收与价格的主题进行合作研究，得出的结论是商品房平均销售价格的上涨趋势会在一定程度上被房产税的征收压制，且实证得出的相关性较为显著，其研究是以经济合作与发展组织国家的面板数据为实证检验的数据基础。贾康（2012）的相关研究成果表明，征收保有环节的房地产税，可以让房地产行业的发展回归理性。况伟大（2012）研究发现，在完全垄断和完全竞争这两种市场结构下，征收于各个环节的房地产税收对商品房平均销售价格均有抑制作用。

也有部分国内学者持保有环节房地产税对房价的调控效应不大的观点。邓菊秋、赵婷（2014）深入研究二者相关关系时使用的是受险价值方法，利用香港2000—2011 年的数据研究发现，香港地区住宅价格受到保有阶段的房地产税的影响不是很明显。邓菊秋、徐婧、龚德昭（2016）采用的是借鉴不同国家不同房地产税模式的方法，对英美、日韩和北欧三种模式下房地产税所起到的作用进行梳理和分析，结合本国国情，总结得出的研究结论是房地产税对于商品房平均销售价格的控制作用不大。

（三）文献述评

从以上的文献可以看出，国外学术界的研究角度、理论模型和实证检验等都较为丰富，但观点和结论没有得到统一。重要原因在于，房地产市场是一个多元市场，与商品房平均销售价格相关的因素数不胜数，房地产行业征收的相关税收包含于众多要素之中。此外，学者研究该问题时采用的数据范围、模型方法、前提假定、税收种类均不同，自然得出的结论也难以统一。

国内学者研究房地产税收对商品房平均销售价格的影响之时，存在一个重大缺陷，即没有将房地产税和房产税的概念进行明确的区分，导致概念混淆。

三、制度背景

（一）现行房地产税体系概述

掌握我国现行的税制和政策，是探究房地产税收对房价的影响的前提条件和理论基础。因此，本文介绍我国现行的房地产税体系，并总结现行房地产税收制度的特征与不足。

1. 现行房地产税体系概况

20 世纪 90 年代以来，初具雏形的房地产税体系，不断进行适时的政策调整和制度完善，得到了一定程度的发展和进步。就目前的房地产税体系而言，以房地产税为征税对象、与房地产经济活动相关的税种主要有十种。从相关税种和房地产的关系角度，可以将这十个税种分为两大类，即以房地产作为直接征收对象和以房地产作为间接征对象。

具体说来，第一类以房地产作为直接征收对象的税种，包括开发环节获取土地征收的耕地占用税，开发环节取得土地需缴纳和流转环节购房者需承担的契税，流转环节房屋出售方需缴纳的土地增值税，以及保有环节无论是持有还是出租都需缴纳的房产税与城镇土地使用税；第二类以房地产作为间接征收对象，除了以转让、出租或提供建安工程取得的收入为征税对象的增值税、所得税和城市建设维护税外，还包括任何书据、合同、证件涉及的印花税，其几乎被征收于每一个征税环节。我国现行房地产税体系大致由以上提到的十个税种构成，征收环节的分布情况见表1。

表1　我国房地产税征收环节的分布

征收环节	税种
开发环节	取得土地：耕地占用税、契税、印花税 建筑安装：企业所得税、增值税、个人所得税、城市维护建设税

表1（续）

征收环节	税种
流转环节	买方：印花税、契税 卖方：土地增值税、印花税、增值税、企业所得税、个人所得税
保有环节	持有环节：房产税、城镇土地使用税 出租环节：房产税、城镇土地使用税、印花税、增值税、企业所得税、 　　　　　个人所得税、城市维护建设税

本文对现行房地产税体系涉及的十个税种的税制要素进行整理，包括每一个税种的征税范围、计税依据以及税率设置，见表2。

表 2　房地产相关税种的税制要素

分类	税种	征税范围	计税依据	税率
以房地产作为直接征收对象	耕地占用税	非农业建设占用的国家、集体所有耕地	实际占用的耕地面积	人均耕地不超过 1 亩（1 亩 ≈ 666.67 平方米，下同）：10 ~ 50 元/平方米；超过 1 亩但不超过 2 亩：8 ~ 40 元/平方米；超过 2 亩但不超过 3 亩：6 ~ 30 元/平方米；超过 3 亩：5 ~ 25 元/平方米
	契税	土地、房屋权属转移	土地、房屋的成交价格	3% ~ 5%
	土地增值税	有偿转让国有土地使用权、地上建筑物及其附着物	转让房地产所取得的增值额	30%、40%、50%、60% 的超率累进
	房产税	在城市、县城、建制镇、工矿区内用于经营或出租的房产	房产余值或租金收入	出租：1.2% 经营：12%
	城镇土地使用税	在城市、县城、建制镇、工矿区内由纳税人占有、使用的国有、集体土地	占有、使用土地的面积	大城市：1.5 ~ 30 元/平方米；中等城市：1.2 ~ 24 元/平方米；小城市：0.9 ~ 18 元/平方米；县城、建制镇、工矿区：0.6 ~ 12 元/平方米
以房地产作为间接征收对象	印花税	各种书据、合同、证件	书据、合同中所载金额或按件贴花	从价：0.05‰、0.3‰、0.5‰、1‰ 从量：5 元/件
	增值税	转让销售收入、提供建安工程作业取得的营业收入或出租房地产	转让销售不动产、提供建安工程作业或出租房地产的应税所得	转让、销售以及出租：10% 提供建安工程、出租用于居住：10%
	企业所得税	转让销售的不动产、提供的建筑安装工程作业或出租的房地产	转让销售不动产、提供建安工程作业或出租房地产的应税所得	小微企业：20% 非小微企业：25%
	个人所得税	转让销售的不动产、提供的建筑安装工程作业或出租的房地产	转让销售不动产、提供建安工程作业或出租房地产的应税所得	出租：10% 非出租：20%
	城市维护建设税	同增值税	实际缴纳的增值税额	市区：7%；县城、镇：5%；其他：1%

资料来源：税收相关法律、实施细则和暂行条例。

2. 现行房地产税体系评析

我国现行的房地产税体系，在我国税收体制和房地产市场，发挥着重要的作用。一是财政收入的资金来源一大部分由我国目前的房地产税体系提供，不动产具有很强的稳定性，使得房地产税在为政府取得公共收入的方面发挥着重要的作用，与其他税收收入相比具有一定程度的优越性；二是现行房地产税体系在一定程度上有利于收入分配的调节，既包含财产税也包含行为税，比起单一的税种，可以更好地施展收入分配调节功能；三是现行房地产税体系能够在一定程度上对房地产市场的资源配置进行优化，房地产投机的风险由于征收房地产行业相关税收也大幅增加，能够合理安排房地产行业的购房需求类型，促进房地产市场的和谐发展。

但不可否认的是，我国现行的房地产税体系存在以下缺陷：一是房地产涉及的大多数税种目前仍按照多年前制定的相关条例实施征收，滞后的立法工作无法适应蓬勃发展的房地产市场。二是"重流转，轻保有"的情况难以改变。流转阶段征收的房地产行业相关税种繁多、税负较重，然而保有阶段涉及的税收恰恰相反，土地持有者在这种税种设置下，更倾向于持有土地而拒绝房地产的流转，从而既降低了土地的使用效率又促使了土地价格的上涨。三是配套工作不完善。不动产登记制度的不完善和房地产评估体系的缺乏，对房地产税收系统的运转产生了极大的影响。

（二）四川省房地产税与房价

20 世纪 90 年代，房地产逐步市场化和货币化，房地产行业进入了空前的迅速发展时期。随之而来的自然是房价的逐年高涨，2000 年全国范围内的平均房价为 2 112 元/平方米，7 892 元/平方米是 2018 年之后的房价水平。房地产行业的相关税收的收入规模也越来越大，流转环节的房地产税收收入从 2000 年的 174.79 亿元，增长到 2017 年的 11 473.59 亿元；保有环节的房地产税收收入从 2000 年的 274.15 亿元，增长到 2017 年的 4 964.88 亿元。

全国范围内的数据是这样，四川省也不例外。四川省房地产开发投资规模常年位居西部前列，房地产销售额及销售面积十分可观。本文将 2000—2017 年四川省的平均房价、流转环节和保有环节的房地产税收收入进行整理，将三种指标的绝对值及其增长速度进行逐年对比，见表 3。

表3　2000—2017年四川省房地产税与房价的比较

年份	商品房平均销售价格（元/平方米）	商品房平均销售价格增速(%)	流转环节房地产税（亿元）	流转环节房地产税增速（%）	保有环节房地产税（亿元）	保有环节房地产税增速（%）
2000	1 340	—	6.88	—	8.46	—
2001	1 368	2.09	8.36	21.57	9.68	14.35
2002	1 381	0.95	10.95	30.88	10.89	12.56
2003	1 421	2.90	15.69	43.30	11.96	9.83
2004	1 572	10.64	24.71	57.52	15.37	28.51
2005	1 945	23.74	35.02	41.73	19.00	23.60
2006	2 271	16.73	50.09	43.05	21.49	13.12
2007	2 840	25.08	74.85	49.43	26.01	20.99
2008	3 157	11.14	84.35	12.69	51.56	98.26
2009	3 509	11.15	114.10	35.26	54.07	4.86
2010	4 138	17.93	181.88	59.41	60.13	11.21
2011	4 918	18.85	234.80	29.09	75.51	25.57
2012	5 449	10.80	295.66	25.92	96.03	27.18
2013	5 498	0.90	389.79	31.84	107.00	11.42
2014	5 597	1.80	470.31	20.66	126.91	18.61
2015	5 475	-2.18	484.20	2.95	138.55	9.17
2016	5 762	5.24	446.48	-7.79	144.89	4.58
2017	6 217	7.90	487.26	9.13	160.71	10.92

资料来源：根据《中国统计年鉴》中的相关数据整理而得。

结合表3中的数值，由图1可知，四川省商品房均价2000年为1 340元/平方米，2017年的房价则上涨至6 217元/平方米，短短18年的时间四川省平均房价却增长了3.6倍；流转环节房地产税收收入在2015年达到顶峰（484.20亿元），与2000年的6.88亿元进行对比，增长了69倍；2000年保有环节房地产税收收入为8.46亿元，与流转环节相差不大甚至比流转环节更多，2017年的160.71亿元与2000年的税收收入相比将近增长了18倍，但与流转阶段的情况相比则相形见绌，这也是"重流转，轻保有"的体现。总体来看，商品房平均销售价格和税负都逐年上升，2012年之前上升速度较快，2012年之后上升速度较为缓慢。

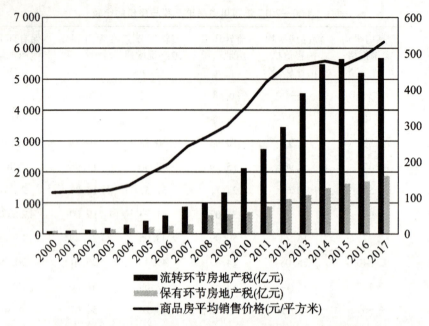

图1 2000—2017年四川省房价与房地产税收收入绝对值的比较

图1使用折线图将2000—2017年四川省商品房平均销售价格的绝对值趋势图像化,使用柱状图将房地产流转和保有环节的税收收入的绝对值趋势表现出来,但仅仅比较绝对值的变化趋势是不够的,因此作图2,将2001—2017年四川省房价与房地产两个环节的税收收入三种指标的增长速度,运用折线图呈现并进行比较。

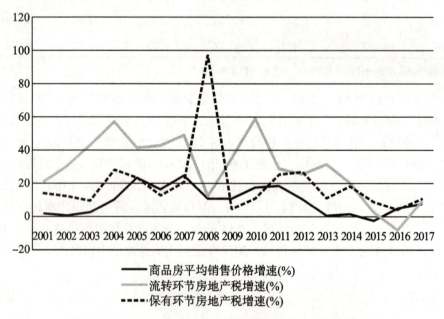

图2 2001—2017年四川省房价和房地产税收收入增速的比较

总体来看，三种指标的增长速度基本为正数，仅有房价和流转环节房地产税收收入的增速在近几年分别出现一次负值。流转环节与保有环节相比，流转环节房地产税收收入的增长速度普遍高于保有环节，仅在 2008 年和 2014 年以后低于保有环节的增长速度。就增长速度的波动大小来看，房地产税负的增长速度的波动性极大，商品房平均销售价格增长速度则相对稳定，仅有小幅度波动。

四、房地产税收对房价影响的理论分析

在实证分析之前，先进行理论分析。首先将房地产税收按照征收环节进行划分，再分别运用总需求–总供给模型（AD-AS 模型）和现代资产定价理论模型进行理论上的探讨。

（一）流转环节房地产税收对房价影响的理论分析

根据我国的土地制度，实际上是由房地产开发商承担着房地产相关税收中与土地相关的税收负担。税负转嫁的多少，由供给弹性和需求弹性之间的关系决定。本文使用总需求–总供给模型，假设房地产市场的需求价格弹性为负，在短期、长期和中长期的不同供给价格弹性下，探究流转阶段征收的房地产税对商品房平均销售价格的影响。

短时期内，房地产开发商能够提供用于出售的商品房的数量有限，一般是固定无波动的，视作供给价格弹性为零。流转阶段的征税引起商品房的成本上升，由于需求价格弹性不为零，理性的需求者会选择不购买或少购买商品房，房价下跌，流转阶段的税收负担全部由开发商承担。

从长期来看，房地产开发商用于出售的商品房数量可以进行灵活的调整，视为供给完全有弹性。需求价格弹性较小，有购房需求的一方与商品房供给一方相比处于弱势地位，房价上涨，流转环节的房地产税负完全转嫁给房屋购买者承担。

实际上，房地产市场很难出现供给完全有弹性或者供给弹性为零的情况，大多数情况是房地产市场的供给价格弹性为正，介于零与正无穷之间。此时，供给方与需求方分别承担流转环节的房地产税负的多少，由供求弹性的大小决定，税负与弹性成反比。

在短期、长期、中长期三种情况下，由不同供给价格弹性的分析可知，流转阶段的税收收入对商品房平均销售价格的影响，由供需情况决定，即需求价格弹性与供给价格弹性的相对大小，决定了流转阶段的税收收入与商品房平均销售价格的相关方向。当供给价格弹性较大时，房地产开发商处于优势，购房者处于劣势，房地产税负主要由房屋购买者承担，商品房平均销售价格增加；当供给价格弹性较小时，房地产的消费者相对于供给者处于优势地位，房地产税负难以转嫁，主要由开发商承担流转环节的房地产税负，商品房平均销售价格降低。

（二）保有环节房地产税收对房价影响的理论分析

本文根据现代资产定价理论，从理论的角度探究保有阶段税收收入对商品房平均销售价格的影响。资产价格与两种因素相关：一种是持有该资产时凭借这种资产所取得的收益，与这种资产的资本回报率相关；另一种是该资产未来出售时的预计价格，与这种资产的预期增加值的大小有关。

房地产作为不动产是一种价值不小的资产，主要由将来获得的收益和预计价格共同决定，具体来说房地产这种资产的价格受到三种因素的影响，分别为房地产持有期间每年所取得的收益大小、将房地产未来价值折算成现值的贴现率（即当期的零风险利率）的大小和该房地产使用时间的长短。

初步构建当代资产定价理论模型时，暂时不把税收这个影响因子纳入考虑范围，并且假定使用年限为正无穷，则有：

$$P_i = \frac{R_i - C + G}{\theta}$$

式中，P_i 表示 i 地区的房地产现值，R_i 表示 i 地区的房租收益，C 表示固定成本，G 表示预期增值收益，θ 表示无风险贴现率。

征收房地产税之后，模型加入房地产税负 T_i 和地方公共支出 E_i，则有：

$$P_i = \frac{(R_i - C + G) - T_i + E_i}{\theta}$$

从上面这个模型可以看出，一方面，税收的征收增加了使用成本，降低了资产的收益率，从而降低了商品房平均销售价格；另一方面，公共财政收入用于基础设施的建设，有利于完善房屋所在地的基础设施，居住者能够更加便捷地获得教育资源与医疗资源。

因此，保有阶段征收的税收对商品房平均销售价格的影响，取决于直接抑制作用和间接促进作用的相对大小。若直接效应大于间接效应，则保有阶段征收的税收使商品房平均销售价格下降；若间接效应大于直接效应，则保有阶段征收的税收对于商品房平均销售价格不能有效抑制反而会有所抬高。

五、房地产税收对房价影响的实证分析

（一）变量的选取与统计描述

1. 因变量

本文的研究主题为房地产税收对商品房平均销售价格的影响，因此选择商品房均价作为因变量。由于本文的实证研究以四川省为例，基于《四川统计年鉴》没有商品房均价这一统计指标的情况，因变量需要通过计算间接得出，即找出四川省各地级市每年的商品房销售额和商品房实际销售面积数据，再将二者相除则可得到平均房价。

2. 自变量

本文将关键自变量设置为流转阶段的房地产税收收入和保有阶段的房地产税收收入。但由于房地产税需要通过符合逻辑的量化替代方法对自变量进行转换。

本文将房地产体系包含的税种的征收分布于流转阶段和保有阶段。由于以房地产作为间接征收对象的税种，如增值税除了将房地产转让、出租或提供建安工程所取得的收入作为征税对象以外，还涉及很多与房地产无关的征税对象，难以区分税收收入中与房地产相关的收入比重，因此本文将以房地产作为直接征税对象的税种的税收收入的总和，来代表房地产税收收入。

根据表1房地产税征收环节的分布情况，使用耕地占用税、契税和土地增值税的税收收入之和，对流转阶段的税收收入进行量化转换；而保有阶段的税收收入，由房产税和城镇土地使用税的税收收入之和代替。

对自变量进行进一步的处理，将流转环节和保有环节的税收收入分别除以当年该地区的商品房销售额，从而更好地反映各环节房地产税的税负情况，即关键自变量实际由流转环节和保有环节房地产税的市场税率代替。

另外，需要留意的是，我国保有阶段征收的房产税没有将非经营性住宅归入范畴之内，理论上会造成使用的税种征税对象不一致的问题，导致变量选取不合理。但根据况伟大提出的"住宅和商业用房的房地产税对房价的影响机制是一致的"可知，该变量的选择具有可行性。

3. 控制变量

第一，建造成本。商品房的建造成本构成商品房成本的一部分，因此具有作为控制变量的必要。

第二，经济水平。由于居民的生活水平随着社会经济水平的提高而提高，而住房对于居民来说是影响其生活水平的重要部分，居民对生活水平的要求一部分体现在其对住房的要求上，因此房价会受到影响；另外，经济水平的上升，提高了房地产供给方和需求方对房地产市场发展趋势的预期，开发商和购房者的行为会受到影响，从而影响房价。因此，应将经济水平纳入控制变量。变量的选取见表4。

表4 变量的选取

变量名称	变量符号	变量的选取
房价	*price*	商品房平均销售价格
流转环节的房地产税	*cirtax*	耕地占用税、契税和土地增值税的税收收入之和与商品房销售额的比值
保有环节的房地产税	*keptax*	房产税和城镇土地使用税的税收收入之和与商品房销售额的比值
建造成本	*cost*	商品房的房屋竣工造价
经济水平	*pgdp*	四川省各地级市人均国内生产总值

基于数据的可得性，本文采用2002—2017年四川省18个地级市的以上五个变量做实证检验，原始数据来源于2003—2018年《四川统计年鉴》及各市的统计年鉴。从数据的统计特征来看无异常值，见表5。

表 5　数据的统计特征

变量符号	平均值	中值	最大值	最小值	标准误差	观测数
price	2 948. 35	2 781. 16	8 731. 81	607. 06	1 646. 55	288
cirtax	7. 84	7. 23	20. 47	3. 17	3. 09	288
keptax	0. 91	0. 73	3. 04	0. 22	0. 65	288
cost	47. 59	18. 41	927. 60	0. 77	105. 92	288
pgdp	21 430. 49	17 885. 00	92 584. 00	2 718. 00	16 247. 88	288

（二）模型的构建与实证检验

在构建计量模型之前，本文对变量进行了进一步处理：一方面，对变量取对数以防止异方差出现；另一方面，由于本文的实证检验采用的是 2002—2017 年四川省 18 个地级市的变量，为了防止通货膨胀对实证检验结果产生影响，将所有价值变量以 2002 年为基期，除以各地区的居民消费价格指数。对变量进行以上处理之后，构建面板对数计量模型：

$$\ln price_{it} = \sum_{j=1}^{P} \lambda_j ln\, price_{it-j} + \alpha_1 ln\, cirtax_{it} + \alpha_2 ln\, keptax_{it} + \alpha_3 ln\, cost_{it} + \alpha_4 ln\, pgdp_{it} + \mu_{it}$$

式中，因变量 $price_{it}$ 表示四川省 i 市的 t 期房价，自变量 $cirtax_{it}$ 表示四川省 i 市的 t 期的流转环节房地产税的税收收入，自变量 $keptax_{it}$ 表示四川省 i 市的 t 期的保有环节房地产税的税收收入，控制变量 $cost_{it}$ 表示四川省 i 市的 t 期的房屋建造成本，控制变量 $pgdp_{it}$ 表示四川省 i 市的 t 期的人均 GDP，随机误差项为 μ_{it}，并且满足条件 $E(\mu_{it}) = 0$。

广义矩估计不需要满足经典假设的严格条件，因此本文采用广义矩估计以避免内生性问题。本文使用统计软件 Eviews8.0，对 2002—2017 年四川省 18 个地级市的面板数据进行 GMM 估计。具体的回归结果见表 6。

表 6　GMM 估计的实证结果

自变量	因变量（lnprice）					
	（1）	（2）	（3）	（4）	（5）	（6）
Lnprice(-1)	0. 864 1 ***	0. 472 9 ***	0. 882 5 ***	0. 445 9 ***	0. 864 7 ***	0. 410 6 ***
	（0. 025 3）	（0. 056 8）	（0. 020 4）	（0. 044 7）	（0. 023 5）	（0. 050 3）
Lncirtax	0. 008 2 *	0. 018 3 **	—	—	0. 058 4 *	0. 078 8 ***
	（0. 028 5）	（0. 024 0）			（0. 033 9）	（0. 028 1）
Lnkeptax	—	—	-0. 085 0 **	-0. 101 4 ***	-0. 103 4 **	-0. 126 0 ***
			（0. 037 6）	（0. 028 6）	（0. 040 3）	（0. 027 9）
Lncost		0. 210 9 **		0. 179 3 **		0. 201 6 **
		（0. 098 9）		（0. 080 2）		（0. 071 2）

表6（续）

自变量	因变量（lnprice）					
	（1）	（2）	（3）	（4）	（5）	（6）
Lnpgdp	—	0.210 3 **	—	0.279 6 ***	—	0.268 7 ***
		（0.095 8）		（0.080 6）		（0.082 0）
Sargan test	91.118 9	94.716 0	91.219 9	94.454 2	88.124 9	84.381 7
	（p=0.071）	（p=0.074）	（p=0.114）	（p=0.057）	（p=0.145）	（p=0.074）
AR（2）	0.812 1	1.222 8	0.545 2	1.168 0	0.575 1	1.203 8
	（p=0.419）	（p=0.224）	（p=0.588）	（p=0.245）	（p=0.568）	（p=0.231）
N	18×16	18×16	18×16	18×16	18×16	18×16

注：括号内为系数的估计标准误差；*、**、***分别代表在10%、5%和1%的显著性水平下显著。

从仅将关键自变量纳入模型，到逐渐加入控制变量，再到加入包括滞后一期的房价的所有变量，共得出六种检验结果。从实证结果可以看出，在显著性水平为10%的情况下，所有变量的回归系数的估计值都能通过 t 检验。因此，四川省流转环节和保有环节房地产相关税收对房价影响的 GMM 估计结果是可信的。另外，六种检验结果都能通过 Sargan 检验。从 AR（2）检验的 P 值来看，都是大于0.1的水平，证明该计量模型进行广义矩估计的结果的误差项之间不存在序列相关问题。根据表6中的 GMM 估计的实证结果，对检验结果和经济含义进行如下分析：

四川省流转阶段的房地产税的征收会促进出售商品房的平均价格的增加。*cirtax* 的系数估计值均为正数，说明流转阶段的税收收入与出售商品房的平均价格之间的关系为正，且由 t 检验可知，二者正相关的显著性很高。从模型可以看出，随着四川省流转阶段的税收收入正向变动1%，四川省房价平均上涨0.078 8%。结合前文的理论分析，房地产开发商通过税收转嫁，很容易将房地产税负转移至购房者，因此房价没有被抑制反而被抬高。

四川省保有阶段的房地产税的征收会对出售商品房的平均价格产生反向效应。*keptax* 的系数估计值均为负数，说明保有阶段的税收收入与出售商品房的平均价格之间的关系为负，且由 t 检验可知，二者正相关的显著性很高。从模型可以看出，随着四川省保有阶段税收收入正向变动1%，四川省房价则会平均下降0.126 0%。但这样的实证估计结果与我国房地产市场和房地产税体系的实际情况不符，限制了保有阶段房地产税调控商品房平均销售价格的作用的发挥程度。

四川省上一期商品房平均销售价格与本期商品房均价之间呈显著的正相关关系，也就是说四川省上一年房价的上涨会促进今年房价的上涨。从模型可以看出，四川省上一年房价每增加1%，今年房价会平均上涨0.410 6%。这一估计结果表明，上一期较高的房价，会使商品房购买者对未来房价的预期值较高，实际房价受到积极乐观的预期影响而上涨。

四川省商品房的建造成本与房价之间呈显著的正相关关系，也就是说四川省房屋建造成本的增加会导致房价随之增加。从模型可以看出，随着四川省商品房的建造成本每增加1%，四川省房价平均上涨0.201 6%。建造成本作为房地产成本的一部分，建造成本的增加会带动商品房价格的上涨，符合模型构建的预期。

四川省经济水平与商品房平均价格之间的正向相关性也表现显著，也就是说四川省经济水平的提高会促进房价的上涨。从模型可以看出，四川省人均GDP每增加1%，四川省房价平均上涨0.268 7%。房地产价格要受到宏观经济的制约，生活区域的经济水平较高，居民对生活水平的要求程度也较高，与房地产相关的公共设施更完善，教育、医疗资源更丰富，房价自然也处于更高的水平。

六、结论与建议

本文的研究主题是房地产行业涉及的税收收入对商品房平均销售价格的影响。运用总需求-总供给模型，对短期、长期和中长期需求和供给弹性进行讨论；运用现代资产定价理论的机理，探究保有阶段征收的房地产税对商品房平均销售价格的影响。实证引入了建造成本和经济水平两个控制变量，构建了动态计量模型。将四川省面板数据进行广义矩估计，检验结果表明，流转阶段和保有阶段征收的的房地产税收与商品房平均销售价格之间分别呈显著的正相关关系和负相关关系，即流转阶段征收的房地产税增加会抬高房价，而保有阶段征收的房地产税作用机理则相反。另外，上一期的房价、商品房建造成本以及经济水平对商品房平均销售价格均有正向推动效应。

本文针对如何将流转环节房地产税对房价的正向促进效应转变为负向抑制效应，以及如何有效发挥保有阶段征收的房地产税对房价的抑制作用，提出以下四点建议：

第一，加快房地产税法的落地速度。自2013年中央政府提出应制定房地产税收法律之后，2019年《政府工作报告》第三次提及"房地产税"。与2018年《政府工作报告》中的"稳妥推进房地产税立法"相比，2019年的"稳步推进房地产税立法"足以表现出中央决策层对于加快立法进程早已达成共识，推进房地产税立法的重要意义不言而喻。尤其要对个人自住房征税问题以及涉及房地产业的税、租、费关系调整的问题通过法律予以明确和厘清。

第二，精简流转阶段的税制设置。一方面，做好租、税协调，解决征税依据重叠问题，比如将其与土地出让金进行合理的安排；另一方面，将税制进行精简，比如将土地增值税并入增值税，从而防止税收的重复征税。

第三，扩大保有阶段的税制设置。①在范畴方面，应该逐步将农村地区房地产纳入保有阶段的征收范畴；②在征税依据方面，确定适合我国国情的人均面积免征额是开展个人住房征税的前提；③在税率设置方面，按照地区差异设置不同的累进税率。

第四，弥补配套设置的欠缺之处。一方面，不动产登记在案十分重要，严格的不动产登记制度，是房地产税征收的有力保障；另一方面，要重视估值房地产的机制。目前，我国应该采用以税务部门为主、民间机构为辅的房地产评估体系。

参考文献：

［1］艾平平. 房产税与房价波动：OECD 国家的实证研究与启示［D］. 上海：上海社会科学院，2018.

［2］陈多长，踪家峰. 房地产税收与住宅资产价格：理论分析与政策评价［J］. 财贸研究，2004（1）：57-60.

［3］邓菊秋，徐婧，龚德昭. 房产税功能定位的国际比较及启示［J］. 地方财政研究，2016（5）：107-112.

［4］邓菊秋，张蕊，雷成丽. 住房交易环节的税收政策对房价影响的实证研究［J］. 经济学家，2011（10）：61-67.

［5］邓菊秋，赵婷. 香港房地产税收对房价影响的实证分析［J］. 财经科学，2014（1）：104-113.

［6］冯晨鹏. 房地产税对房价的影响分析［D］. 杭州：浙江大学，2018.

［7］况伟大，马一鸣. 物业税、供求弹性与房价［J］. 中国软科学，2010（12）：27-35.

［8］况伟大，朱勇，刘江涛. 房产税对房价的影响：来自 OECD 国家的证据［J］. 财贸经济，2012（5）：121-129.

［9］况伟大. 房产税、地价与房价［J］. 中国软科学，2012（4）：25-37.

［10］王晶. 房地产税对房价的影响研究［D］. 上海：上海社会科学院，2018.

［11］王秋武. 房地产税体系对房价的影响研究［D］. 蚌埠：安徽财经大学，2018.

［12］张俊. 房地产税收制度对山西省房地产市场的影响研究［D］. 太原：太原理工大学，2015.

［13］FISCHEL, WILLIAM A. Property Taxation and the Tiebout Model：Evidence for the Benefit View From Zoning and Voting［J］. Journal of Economic Literature, 1992, 30（1）：171-177.

［14］HAMILTON, BRUCE W. Zoning and property taxation in a system of local governments［J］. Urban Studies, 1975, 47（2）：205-211.

［15］KIM S T. Property Transfer Tax and Housing Consumption［D］. Seoul, Kora：Syracuse University, 1990.

［16］LUNDBORG P, SKEDINGER P. Transactions Taxes in a Search Model of the Housing Market［J］. Journal of Urban Economics, 1999, 45（2）：385-399.

［17］MCDONALD JOHN F. Incidence of the Property Tax on Commercial Real Estate：The Case of Downtown Chicago［J］. National Tax Journal, 1993, 46（2）：109-120.

［18］MIESZKOWSKI, PETER M. The Property Tax：An Excise Tax or a Profits Tax? ［J］. Journal of Public Economics, 1972, 1（1）：73-96.

［19］OATES WALLACE E. The Effects of Property Taxes and Local Public Spending on Property Values: An Empirical Study of Tax Capitalization and the Tiebout Hypothesis ［J］. Journal of Political Economy, 1969, 77 （6）: 957-971.

［20］ SIMON HARVEYS, FULLERTON DAVID J. A Note on Local Tax Rates, Public Benefit Levels, and Property Values ［J］. The Journal of Political Economy, 1977, 85 （2）: 433-440.

［21］ TIEBOUT CHARLS M. a pure theory of local expenditures ［J］. Journal of political economy, 1956 （64）: 416-424.

我国开征遗产税的可行性和制度设计

李金荣　石　颖

内容提要：近年来，随着经济的快速发展，我国居民收入水平不断提高，随之而来的收入差距也在不断扩大，贫富差距悬殊，需要引起全社会的重视。税收是缓解收入分配差距不可或缺的重要手段，而我国现行税制结构中调节财富分配的税种不足，已有税种的制度设计也不够科学。改革现有税种、开征新税种，完善直接税体系，以实现调节财富分配的目标是我国税制改革的重要内容。遗产税的首要功能是调节财富分配，而且在历次税制改革的内容中均已列入开征计划，本文主要就我国目前开征遗产税的必要性、可行性和制度设计进行探讨。

关键词：遗产税；必要性；可行性；制度设计

遗产税是指以被继承人去世后所遗留的财产为征税对象，向遗产的继承人和受遗赠人征收的税种。为避免被继承人通过赠与财产的方式规避税负，遗产税常和赠与税一起设立、征收。目前，世界上已有 100 多个国家开征了遗产税。1950年，《全国税政实施要则》将遗产税作为拟开征的税种之一，但限于当时的收入水平和分配制度，我国不具备开征条件。1994 年，税制改革时将遗产税列入开征计划。1996 年，《国民经济和社会发展第九个五年计划和 2010 年远景目标纲要》中提出，"逐步开征遗产税和赠与税"。2013 年 2 月 5 日，国务院发布的《关于深化收入分配制度改革的若干意见》中明确提出，在适当时期开征遗产税。随着收入水平的提高，居民之间的收入差距也在扩大，开征遗产税是完善直接税制、调节财富分配、缩小贫富差距的重要手段。

项目基金：本文系河北省社科基金项目"'营改增'后房地产税制的重组与完善"（HB17YJ066）的阶段性成果。

作者简介：李金荣，河北经贸大学财政税务学院教授，税务专业硕士生导师；石颖，河北经贸大学财政税务学院税务专业硕士研究生。

一、开征遗产税的必要性

（一）开征遗产税是调节财富分配的需要

伴随着我国经济的快速发展，改革开放的持续深入，收入分配和财富占有的差距越来越大，这已成为我们必须面对、不可逃避的事实。北京大学公布的《中国民生发展报告2015》数据表明，虽然我国整体经济得到快速发展，但是也存在收入分配不平衡、两极分化严重的现象。居前1%的家庭占有全国约1/3的财富，末端25%的家庭拥有的财产总量仅在1%左右。基尼系数是另一个反映居民贫富差距的指标，我国居民收入基尼系数2008年以前呈现上升趋势，2008年达到0.491，之后开始呈现下降趋势，在2015年降到最低（为0.462），近两年又有回升态势。近几年来，我国的基尼系数虽略有下降，但仍然是高位运行，超过国际警戒线，见图1。

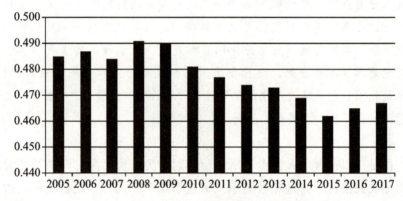

图1　2005—2017年全国居民收入基尼系数

数据来源：Wind数据库。

上述数据表明，当前我国贫富差距大，需要采取科学、合理的经济手段对财富分配进行调节，阻止贫富差距继续扩大。遗产税作为调节财富再分配的重要措施，与个人所得税、房地产税配合，其调节收入分配差距的功效是积极向好的。

（二）开征遗产税是完善我国直接税制度的需要

从我国税收收入结构来看，间接税的比重较大。以2016年为例，增值税、消费税、营业税税收收入占比达47.9%。从调控功能来看，与间接税相比，直接税可以更好地缓解贫富差距、促进社会公平。在我国现行税制结构中，调整个人收入分配和财富差距的重要手段是个人所得税，而个人所得税的征收效果对于调节财富分配的作用比较微弱，税收制度的科学性和管理水平都有待于进一步提升。财产税作为直接税能够起到调节收入分配、缓解贫富差距的功效，但是我国的财产税制度长期以来也不够完善，税收收入的结构占比很低，以2016年为例，房产税、车船税、契税等财产税税种收入占比为5.5%。因此，直接税的收入调节职能优势并没有充分发挥。

随着收入水平的提高和贫富差距的扩大，大部分财富掌握在少数人的手里，而我国现有的税收制度中直接调节财富分配的税种不足。开征遗产税可以弥补现有税制收入调节功能的缺陷，扩大直接税所占比重，更高效地配置社会资源，促进经济繁荣。

（三）开征遗产税有利于增加政府财政收入

现代社会中，征收遗产税更多的是为了调节收入分配的矛盾、促进社会的公平和正义。但是，它对于财政收入增加依旧有重要意义。"按照国际上的情况推测，发达国家的遗产税收入占税收总收入的比例大多在 0.5%~1.5%，发展中国家的占比大多在 0.3%~0.5%"（苏建华，2003）。国家税务总局的税收统计数据显示，2017 年全国税务部门组织税收收入（已扣除出口退税）为 12.6 万亿元。若参照国际征收标准，按遗产税占税收收入总额的最低比重即 0.3%计算，遗产税的开征将会为我国增加约 378 亿元的国库收入。随着我国经济的稳定发展和人民收入水平的提高，居民财产的积累会越来越多，开征遗产税有利于增加我国直接税税收收入的比重，充实政府财力。直接税税收收入的增加有利于结构性减税的税制结构调整，逐步降低流转税比重，促进企业发展和成长。

（四）开征遗产税有利于社会慈善事业的发展

慈善捐赠，作为"第三次分配"，可以弥补市场和政府对社会生产要素与财产进行一次分配、二次分配之后仍存留的缺陷，有利于优化社会资源配置、促进社会公平。一般情况下，一国或地区开征遗产税，会规定对社会慈善事业捐赠的税前扣除，从而鼓励财富的占有者支持社会慈善事业的发展。纳税人通过对社会慈善事业进行捐赠，不仅可以缩小计算税款的基数，从而减少应纳遗产税税款。而且，通过社会慈善捐赠能够扶贫，可以提升其社会形象、扩大影响力，有利于自身进一步发展。虽然促进慈善事业的发展并不是开征遗产税的直接目的，但是遗产税的税前扣除设计，会带动社会慈善事业的发展，形成良好的社会氛围，促进慈善事业的发展。

二、开征遗产税的可行性

（一）开征遗产税已具备较充裕的税源基础

改革开放以来，我国经济快速发展，国民经济持续增长，人民收入水平提高，个体经济、私人经济在经济总量中所占比重不断扩大，高收入群体也在持续增多。据统计，中国高净值人群持有可投资资产规模逐年增长，由 2008 年的 8.8 万亿元增长到 2017 年的 58 万亿元，年均增长 50.8%，见图 2；中国高净值人群数量构成由 2006 年的 18.1 万人增加到 2017 年的 187 万人，见图 3。

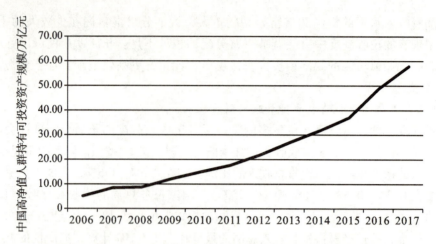

图2　2006—2017中国高净值人群持有可投资资产规模增长趋势

数据来源：Wind 数据库，招行私人财富报告。

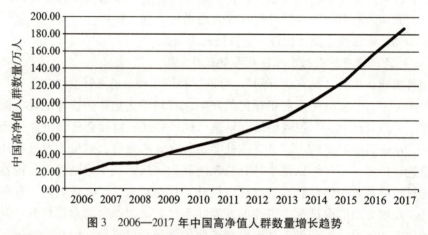

图3　2006—2017 年中国高净值人群数量增长趋势

数据来源：Wind 数据库，招行私人财富报告。

　　从 2016 年全国居民按收入五等份的分组的人均可支配收入来看，高收入户是低收入户的近 11 倍，低收入户的人均可支配收入占比为 4%，高收入户的人均可支配收入占比为 45%。数据显示，目前我国已经有一部分收入较稳定的富裕阶层，能够为遗产税的征收提供税源保障。

　　（二）开征遗产税已具备相应法律基础

　　随着我国经济的快速发展，公民个人积累的财富不断增加，政府越来越重视对个人财产的法律保护，先后在《中华人民共和国宪法》《中华人民共和国民法通则》《中华人民共和国物权法》《中华人民共和国继承法》和《中华人民共和国婚姻法》等法律中对个人财产所有权做了规定。《中华人民共和国税收征收管理法》的不断完善也为遗产税的开征提供了财产再分配的基本法律保障。

　　《中华人民共和国宪法》第五十六条规定："公民有依法纳税的义务。"首先，《中华人民共和国宪法》作为国家根本大法，对公民纳税义务的肯定为征收遗产税提供了基本的法律保障。其次，遗产税的征收前提是公民私有财产合法且产权明晰。《中华人民共和国宪法》《中华人民共和国民法通则》《中华人民共和国物权法》等法律法规对公民合法的私有财产予以肯定并加以保护，规定了公民私有财产的产权流转及归属，为征收遗产税奠定了基础。最后，遗产税的开征需要设置制度要素和征收程序。《中华人民共和国继承法》对遗产的范围、遗产继承人、继承方式予以规定，为遗产税的征收范围、纳税主体的确定提供法律参考依据；《中华人民共和国税收征收管理法》规定了税务管理、税务登记、纳税申报、税务检查等基本税收程序问题。因此，开征遗产税已具备相应法律基础。

（三）开征遗产税的配套制度逐步完善

《不动产登记暂行条例》《个人存款账户实名制规定》等法规为税收征管机关有效掌握公民财产拥有情况奠定了基础。2000年4月1日起施行的《个人存款账户实名制规定》要求，个人在金融机构开立个人存款账户时，必须携带本人身份证件办理，除特殊情况以外他人不得代替；代理他人开立存款账户时，需出示被代理人和代理人的身份证件以及有关部门的批准文件。个人金融账户的实名制实施为监控税源提供了便利。2015年3月1日起施行的《不动产登记暂行条例》明确规定，国家对土地、房产、森林所有权等不动产实行统一登记制度，由国土资源管理部门承担不动产登记职责。不动产统一登记可以有效监管不动产权属及流转情况，为征收遗产税创造了基本条件。

（四）开征遗产税已具备一定的舆论基础

从财富分配的现实情况来看，近年来我国居民之间的贫富差距不断扩大，不利于社会的稳定及构建和谐社会的目标；从政府层面来看，早在1987年，财政部税务总局局长黄鑫就提出了开征遗产税与赠与税的可行性构想研究报告，随后全国人大、国务院都给予了一定的支持。时至今日，虽然遗产税尚未出台，但是一直属于政府拟开征税种范畴；从民众层面来看，由于遗产税是对财富积累到一定程度的富裕群体的征税，其主要目标是调节财富分配，缓解贫富差距。因此，遗产税的开征能够得到大多数民众的认可与支持。

三、国外遗产税的经验借鉴

（一）课税模式的选择

从遗产税的发展历程来看，征收模式大体有三种：总遗产税制、分遗产税制和混合遗产税制。

总遗产税制是对遗产总额课税的税制，即以被继承人死亡后遗留下的财产总额为课税对象，以遗嘱执行人或遗产管理人等为纳税义务人进行课征的一种税制模式。美国、英国、新西兰、新加坡等国以及我国的香港、台湾地区采用这一模式。总遗产税制方便可行，税制简单，征税成本较低。其不足之处是，总遗产税制不考虑各继承人的实际继承财产的数量和纳税能力。

分遗产税制又称为继承税制，是对各继承人取得的遗产份额课税的税制，是以各继承人所继承的遗产为基础，分别课以差别税率的遗产税制度，即在被继承人死亡之后，先将其遗产分给各继承人，以各继承人分得的遗产为课税对象，以各遗产继承人为纳税人进行课征的遗产税模式。日本、韩国、法国等采用这种税制模式。分遗产税制的优点是：考虑到了各继承人的实际继承财产的数量和纳税能力，较为公正、科学；其缺点是：因在遗产分割后征税，征管过程较为复杂，征收成本较高。

混合遗产税制又称为总分遗产税制，即将总遗产税和分遗产税结合起来，先对被继承人死亡后的总遗产征收一次总遗产税，遗产分配后，对各继承人分得的遗产在达到一定的数额时再课征一次分遗产税，纳税人包括遗产管理人、遗嘱执行人、遗产继承人、受遗赠人。目前采用这一模式的国家有加拿大、意大利、菲律宾、爱尔兰等。从理论上讲，它兼有总遗产税制和分遗产税制的长处，但实践表明，混合遗产税制会使税务机关的工作难度加大，纳税人的纳税程序也会变得复杂，徒增税收成本。

从世界其他国家和地区开征遗产税的经验来看，若侧重简便易行，注重税收征管效率，一般选择总遗产税制；如果侧重继承财产的数量和纳税能力的考量，一般选择分遗产税制；如果希望增强纳税人的税收意识，将遗产的管理人、执行人、继承人及受赠人均纳入管理范围，一般选择混合遗产税制。

(二) 遗产税与赠与税的配合

如果征收遗产税，会提高遗产继承人的成本，被继承人就会选择其他途径来降低成本，最好的选择就是通过生前赠与的方式，完成实质上的继承，一举两得。这一漏洞使得遗产税的征收并不能达到增加国家财政收入、解决分配不公的目的。为解决这一漏洞，征收遗产税的国家和地区也出台了相应的税收措施。例如，美国1932年开始单独征收赠与税，1976年通过专门的法案，将这两种税收合二为一。同时，为防止有钻空子的现象，对于隔代人之间的赠与也要征收税收；英国的解决方法是把赠与部分纳入遗产范围征收遗产税，规定被继承人去世前7年所有的赠与都算入遗产中进行征税；韩国则单独设立赠与税。单独设立赠与税征税能够完整地发挥赠与税的作用，通过提高或降低赠与税税率，就可以调整纳税人行为。例如，税率高的时候，会使得纳税人不进行赠与行为，进而避免了通过赠与规避遗产税的情况；反之，则会使得纳税人进行赠与行为。显然，韩国的这种方式更能体现政策取向。

总体来看，为了解决纳税人通过赠与方式规避遗产税的问题，征收遗产税的国家和地区主要采取两种方式进行处理。一种是单独设立赠与税，与遗产税同时征收；另一种是将被继承人在一定时间内的赠与纳入遗产范围征收遗产税。将赠与纳入遗产税的课税范围能够简化税制，降低成本，提高效率。

(三) 鼓励慈善捐赠

国际上征收遗产税的国家和地区大都有类似的规定，即为了促进慈善事业的发展，对于为慈善事业的捐款部分不视为转移财产，不征收遗产税或赠与税。对于慈善捐赠的处理方法，不管是英美合二为一的税收方式，还是韩国单独设立赠与税，都是如此。英美合并式收税鼓励死者生前捐赠，减轻纳税人对遗产税的抵触心理，同时也缩减了征税范围，贯彻税收成本最小化原则。韩国单独设立赠与税的方式，不仅对在世时的赠与行为征收赠与税，还对被继承人去世后的遗产征收遗产税。

四、我国开征遗产税的制度设计

一个国家或地区在进行遗产税总体设计时，必然要结合本国或地区的实际情况，在总遗产税制、分遗产税制或者混合遗产税制中选择一种模式。只有确定了课征模式之后才能设计遗产税的税制要素，诸如纳税人的确定、扣除项目的设置、税率形式的选择以及税率水平的设定等。

（一）课税模式的选择

征收遗产税选择哪种课税模式，取决于一个国家的征税目标、税收管理水平、纳税人的可接受程度等因素。在这些要素中，最重要的是调控目标和税务机关的管理水平，这是选择遗产税课征模式的前提。

从我国目前的情况来看，开征遗产税的根本目标应是缩小贫富差距，调整社会财富分配，适度增加财政收入。同时，虽然我国税务机关的管理水平在不断提高，但是对直接税的征收管理水平还较低。以个人所得税为例，长期以来的分类征收模式纵然简便易行，便于征管，但是在监管个人综合收入水平方面依然还有不足，导致个人所得税改革进展缓慢。而且，目前中国公民财产信息登记制度还不完善，公开家庭财产征收遗产税仍有一些制度性问题有待解决，对纳税人所有的遗产进行征税也还存在一定的难度。因此，综合来看，我国开征遗产税宜采取总遗产税模式。这种方法操作相对简单，比较适合我国目前的税收管理水平。

（二）对赠与财产处理方式的选择

如果赠与税缺失，纳税人为规避遗产税会采取赠与的方式转移资产，从而造成税收流逝，也达不到遗产税的调节财富分配的预期目的。因此，开征遗产税需要赠与税的配合，以达到遗产税的调控目标。

目前，在我国信息采集水平、收入申报制度、税收征管水平以及纳税人的纳税意识都还需要进一步提高的情况下，不宜单独设置税种，而适宜采取英国和美国对赠与行为的处理方法，即在征收遗产税的同时，对被继承人去世前的赠与行为加以计税。这样比较适合中国国情，也可以弥补遗产税的漏洞。

（三）遗产税与赠与税的税制要素设计

1. 纳税人

总遗产税制是对被继承人死亡后遗留下的财产总额为课税对象，所以，一般情况下，以遗嘱执行人或遗产管理人为纳税义务人。我国开征遗产税宜选择总遗产税模式，即遗产税的纳税义务人应该是遗嘱执行人或遗产管理人，负责管理遗产并申报纳税，然后将税后遗产进行分配。

2. 课税对象的范围界定

综合遗产税的课税对象包括死者遗留的所有财产，即动产和不动产、货币性资产和非货币性资产、有形资产和无形资产、夫妻共有财产等。另外，美国财产税规定，死者去世前三年内转移的各类财产也包括在内；韩国征收遗产税是以继承的全部财产扣除一定的免征和减征项目作为课税对象，对于非现金项目可参照当时的市场价值进行评估。

根据我国目前的财产管理制度，能够监控的财产主要包括纳税人的非货币性资产和银行存款等货币性资产。所以，我国开征遗产税也应该包括纳税人生前的货币性资产和非货币性资产，非货币性资产按照评估价确认。同时，对赠与财产部分也应纳入征税范围，可以规定被继承人去世前 5 年内转移的各类财产，也纳入遗产的总量，一并征收遗产税，但是公益性捐赠除外。

3. 免征额与扣除项目的设定

国外的遗产税免征额的设计普遍是人均 GDP 的 15～20 倍。例如，在 2011 年、2012 年和 2013 年美国的免征额分别为 500 万美元、512 万美元和 525 万美元。征收遗产税应当设定较高的免征额，能够保护大多数平民的权益，只针对高收入阶层征税。

根据其他国家征收遗产税的免征额设计方法，用我国的宏观统计数据进行换算，遗产税的免征额约为 100 万元。国家统计局网站发布的《2017 年国民经济和社会发展统计公报》显示，2017 年国内生产总值（GDP）达到 82.71 万亿元，比上年增长 6.9%。全年人均 GDP 为 59 660 元，比上年增长 6.3%。如果按照人均 GDP 的 15 倍计算，遗产税的免征额应为 89.49 万元，接近 100 万元；如果按照人均 GDP 的 20 倍计算，遗产税的免征额应为 119.32 万元，接近 120 万元。

遗产税的制度设计要有前瞻性和预见性。不少专家、学者认为，如果我国经济保持稳定增长态势，后续 4 年只要保持 6.3% 左右的增速，同时汇率维持稳定不出现大幅贬值，应该能实现人均 12 000 美元的收入水平，进入高收入国家行列。12 000 美元按照 2017 年的换算标准，折合人民币为 82 079 元，以 15 倍计算，应为 123.1 万元；若以 20 倍计算，应为 164.2 万元。考虑到通货膨胀因素和民众的可接受程度，超前设计的遗产税免征额为 200 万元较为适宜。200 万元的免征额标准是借鉴国际经验测算的数据，但是我国的实际情况也需要加以考虑，即近年来房子价值较高且不同地区价格差距较大，比如北京，按照现价来看，一套 100 平方米以上住房动辄上千万元。上海、广州、深圳等地房价也较高；而一般二线城市一套 100 平方米以上的房产价值在 200 万～400 万元，三、四线城市会更低一点儿。所以，结合我国实际情况，建议免征额设计为 200 万～1 000 万元，各地根据本地实际情况在幅度范围内选择适用。

另外，对于一些合理性费用，如未成年子女抚养费、未清偿债务等，可以在税前扣除。但是，为了防止因此而形成转移财产和偷税、漏税，可以对有关费用设置一个最高限额或标准。

4. 税率的设定

大多征收遗产税的国家和地区，采用的税率以超额累进税率和简单比例税率为主，这两种税率也是各有利弊。超额累进税率，随着财产的数量越多征税越高的递增设计充分体现了调节财富分配的征税目标，但是计算征管较为复杂；简单的比例税率计算比较简单，便于征收管理，但是不能体现纳税能力，不利于发挥遗产税调节财富分配的功能。从税率水平来看，美国为 18%~40%，日本为 10%~50%，印度为 4%~85%，德国对配偶、子女是 3%~35%，对其他亲属是 20%~70%。

根据我国的国情，综合考虑超额累进税率和简单比例税率的优缺点，更适于采用超额累进税率形式。根据个人所得税累进税率的实施经验，过高的边际税率会增强纳税人逃税的心理。遗产税的边际税率不宜过高，建议税率定为 5%~30%。

5. 遗产税的税收归属

多数征收遗产税的国家和地区将其归属于中央税收，这与征收遗产税和赠与税使财富分配公平的目的是分不开的。征收遗产税最根本的目的是解决社会分配不公现象，促进经济社会发展，所以，遗产税由中央政府管理，收入由中央政府支配更有利于实现社会目标。我国开征遗产税的首要目标也应是使社会财富分配公平，其次是补充财政收入。但是，我国区域经济发展水平差距较大，地方政府参与管理，并结合当地实际因地制宜制定具体实施办法显得更科学。因此，遗产税可以作为共享税，其税收收入在中央和地方之间按一定比例进行分配。

参考文献：

[1] 李永刚. 中国遗产税制度设计研究 [J]. 学海，2015（1）：185-189.

[2] 温师燕. 遗产税可行性、征税模式及免征额和税率的探讨 [J]. 发展研究，2014（6）：29-32.

[3] 胡绍雨. 关于我国开征遗产税与赠与税的探讨 [J]. 中国经贸导刊，2012（30）：71-73.

[4] 林佩銮. 关于我国开征遗产税与赠与税的思考 [J]. 会计之友（下旬刊），2010（8）：117-119.

[5] 蒋晓蕙，张京萍. 我国应及时开征遗产税和赠与税 [J]. 税务研究，2005（5）：48-50.

[6] 苏建华. 西方国家遗产税理论与实践——兼论我国开征遗产税的合理性 [J]. 涉外税务，2003（4）：45-49.

[7] 王在清. 遗产税和赠与税的征税依据及其功能 [J]. 税务研究，2001（5）：42-44.

政府支出与经济增长质量研究

李雨晴　林　桐　张浩天

内容提要：党的十九大以来，经济增长质量成为一个备受重视的话题，政府支出能否有效促进经济增长质量成为研究的一个新视角。基于 PMS-VAR（动态异质面板向量自回归）模型，来测算省级财政支出对经济增长质量的效应。研究表明：①财政支出对中国经济增长质量总体上有着显著正向冲击的作用；②财政支出对中国经济增长质量的促进并不具有持续性；③财政支出对中国经济增长质量的影响具有显著的地域性特征。因此，地方政府应该保证地方财政支出的连续性。此外，中、东、西部应该分别制定财政支出策略，这样才能更好地发挥财政支出对经济增长质量的促进作用。

关键词：政府支出；经济增长质量；PMS-VAR 模型

一、引言

随着政府职能的转变，政府支出扩展到生活的各个方面，发挥"看得见的手"的作用。与此同时，经济增长质量相较于经济增长数量日益受到社会的关注，经济增长质量已经成为决定经济发展的关键因素。党的十九大报告提出，我们要在继续推动发展的基础上，着力解决好发展不平衡不充分问题，提高发展质量和效益，因此对政府支出与经济增长质量进行研究是非常重要的问题，也是评价政府支出有效性的一个新的方向。

关于经济增长质量，国内外学者对其概念和影响经济增长质量因素方面进行了大量的研究，在概念方面，国内外的学者一般从狭义和广义两个角度去解释。从狭义上来说，经济增长质量可以体现为经济增长效率，代表了经济增长要实现效率与速度的协同（卡马耶夫，1983）；从广义上来说，经济增长质量不仅是经济规模的扩大和增长效率的提高，还包括社会福利效应的提升、经济结构优化、经济稳定性提高、社会福利改善、创新能力提升等（任保平，2013）。在经济增长质

作者简介：李雨晴，西南财经大学财税学院硕士研究生；林桐，四川农业大学经济学院讲师；张浩天，安徽省投资集团工作人员。

Public Economics and Policy Studies

量影响因素方面，当前学者认为经济增长质量的影响因素较多，教育、分配、创新等因素均会影响到经济发展质量，而这些因素既有正向影响因素，又有负向影响因素，并且一些因素影响经济增长质量的过程较为复杂。刘海英等人（2004）认为，一个地区的教育水平会通过影响人力资本水平的方式来促进技术进步，进而提高社会全要素生产率和经济增长质量。钞小静（2014）则认为，城乡收入差距是经济增长质量的一个重要影响因素，当收入差距过大时会对经济增长质量产生制约作用。陈佳美（2013）通过研究发现，创新水平的提升对经济增长质量具有显著的促进作用，会提高经济增长效率、增强经济增长的稳定性、促进资源配置的合理性。综上所述，对经济增长质量的影响因素研究可以帮助我们更加深入探析经济增长质量变化的原因，但是目前将财政支出联系到经济增长质量的相关研究仍不足。

关于财政支出，较早就有学者对财政支出与经济增长关系进行探讨，其相关研究文献较为充足。关于财政支出对经济增长的效应，学者主要从两个方面进行研究：一方面，在财政支出对经济增长的效应的时间差异上，李强（2017）认为政府支出和经济增长之间的关系呈现出倒"U"形，在政府支出增长的初期政府支出增加会显著促进经济增长，而到达拐点后会对经济增长起到抑制作用；另一方面，不同类型的财政支出对经济增长的效应存在差别，如郭庆旺（2003）研究发现，不同类型的财政支出对经济增长有着不同的效应。总体而言，目前已有的理论和经验研究大多只是分析了政府支出与经济增长数量的关系，而没有分析经济增长质量与政府支出之间的关系。同时，现有文献对于政府支出和经济增长之间的关系的研究没有得出一致结论。

本文借鉴了詹新宇和崔培培（2016）对经济增长质量的测量方式，构造经济增长质量指标体系，即创新、协调、绿色、开放、共享五项指标体系。进而分析经济增长质量和财政支出之间的变化，最终通过PMS-VAR（动态异质面板向量自回归）模型对省级财政支出对经济增长质量的效应进行实证，发现我国当前财政支出存在的问题，为财政政策调整提出建议。相较已有研究，本文的创新点主要体现在两个方面：①财政支出是很多学者研究的重点领域，但是大部分关于财政支出研究的落脚点放在了经济增长数量上面，而本文研究的是财政支出与经济增长质量之间的关系；②从既有经济增长质量研究来看，大部分研究着眼于经济增长质量内涵的和经济增长质量的影响因素，也有从财政支出中转移支付角度与经济增长质量结合研究，但是并没有将财政支出作为一个整体与经济增长质量结合分析的研究。本文通过阐明经济增长质量与财政支出之间的关系，为研究经济增长质量提供一个新的视角。

二、模型设定

（一）PMS-VAR 模型的设定

很多学者将马氏域变模型与 VAR 模型结合起来，建立了 MS-VAR 模型。有部分研究将其用于在财政支出数据的基础上来判别财政政策的不同状态，相应的函数形式如下：

$$Y_t = V_t(S_t) + \alpha_1(S_t) Y_{t-1} + \alpha_2(S_t) Y_{t-2} + \cdots + \alpha_p(S_t) Y_{t-p} + \varepsilon_t \sim NDI(0, \sum S_t)$$

$$\tag{1}$$

式中，t 代表地区，p 代表滞后阶数，S_t 是不可观测的状态变量，取值区间为 $\{1, 2, \cdots, m\}$，表示经济所处的 m 种情况，并且 $V_t(S_t)$、α_p 都是受区制变量限制。

由于我国区域经济发展不均衡，省级数据的特殊性以及不同省份的数据存在较大区别，本文将省级财政支出之间的差异性和相关性考虑在内，采用动态异质面板数据来研究我国政府支出对经济增长质量的效应，然而模型（1）无法判断省级财政政策存在何种效应，因此本文通过借鉴 MS-VAR 模型，并且把它延伸到异质面板数据分析。最后得到 PMS-VAR（动态异质面板向量自回归模型）模型：

$$y_{it} = a_i(s_{it}) + \sum_{p=1}^{P} A_{ip}(s_{it})y_{it-p} + \varepsilon_{it} \qquad \varepsilon_{it} \sim N(0, \Sigma_i(s_{it})) \tag{2}$$

PMS-VAR 模型主要有两个特点：①将我国不同省份的数据差异性包含在内；②因为我国省级的财政支出及经济增长质量数据都是以年为单位，因此 t 代表不同年份。

其中：y_{it} 包含 2 个内生变量的列向量，分别是政府支出与经济增长质量，i 代表地区，t 代表年份，p 代表滞后阶数，不可观测的状态变量 $s_{it} = \{1, \cdots, K\}$（$K$ 表示区制个数）服从 K 状态的马尔可夫过程。其转移概率矩阵为：

$$P(s_{it} = j_1 | s_{it-1} = j_2) = p_{i, j_2 j_1} \qquad (j_1, j_2 \in \{1, \cdots, K\}) \tag{3}$$

另外，关于各个体之间 s_{it} 的同步性问题，Harding（2006）提出了三种主要假设，基于不同假设模型（2）具有不同的形式及估计。

假设 1：各省级财政支出政策非凯恩斯效应潜在时期完全不同步。这个假设实际认为各省级财政支出政策非凯恩斯效应区间是完全独立的，即省级的状态变量 s_{it} 完全独立，各省级拥有不同的转移概率矩阵：

$$P(s_{it} | s_{it-1}) = P_i = \begin{bmatrix} p_{i, 11} & \cdots & p_{i, 1K} \\ \vdots & \ddots & \vdots \\ p_{i, K1} & \cdots & p_{i, KK} \end{bmatrix} \tag{4}$$

假设 2：各省级财政支出政策非凯恩斯效应潜在时期不完全同步。假设 2 与假设 1 的不同之处在于：各省级财政支出政策非凯恩斯效应区间虽然是完全独立的，即省级的状态变量 s_{it} 完全独立，但是各省级拥有相同的转移概率矩阵：

$$P(s_{it} | s_{it-1}) = P = \begin{bmatrix} p_{11} & \cdots & p_{1K} \\ \vdots & \ddots & \vdots \\ p_{K1} & \cdots & p_{KK} \end{bmatrix} \tag{5}$$

假设3：各省级财政支出政策非凯恩斯效应潜在时期完全同步。这个假设表示各省级财政支出政策非凯恩斯效应区间不仅是完全相同的，即状态变量 $s_{it} = s_t$，而且各省级拥有相同的转移概率矩阵：

$$\mathbf{P}(s_t \mid s_{t-1}) = P = \begin{bmatrix} p_{11} & \cdots & p_{1K} \\ \vdots & \ddots & \vdots \\ p_{K1} & \cdots & p_{KK} \end{bmatrix} \tag{6}$$

在模型（4）、模型（5）及模型（6）的基础上，模型（2）有三种不同的模型形式及估计方法。下面依次对其估计方法做简要说明。

（二）计量模型估计

关于模型（2）的估计，国内外文献鲜有讨论。其中，Owyang（2005）提出了贝叶斯框架下估计马尔科夫模型，Agudze（2014）将其扩展到面板马尔科夫模型中，如模型（7）所示。

$$x_{it} = a_i(s_{it}) + \varepsilon_{it} \qquad \varepsilon_{it} \sim N(0, \sigma_i(s_{it})) \tag{7}$$

式中，被解释变量 x_{it} 表示我国第 i 个省份工业总产值。与模型（2）相比，模型（7）仍然局限于单变量静态面板马尔科夫模型。接下来，本文将借鉴 Agudze（2014）的思路，基于贝叶斯估计框架完成模型（2）PMS-VAR 的估计，对于这个多变量动态面板马尔科夫类模型，为了避免待估参数过多而导致的过度识别，本文将首先给出分层先验分布；同时，本文借鉴 Frühwirth（2007）通过向前滤波向后抽样 FFBS（forwarding-filtering backward sampling，FFBS）方法对潜在状态变量 s_{it} 进行抽样。

在模型（2）估计之前，为了清楚地定义参数的变化及简化模型（2）的表达形式，本文首先定义以下示性函数：

$$\xi_{ikt} = \mathbf{I}(s_{it} = k) = \begin{cases} 1 & (s_{it} = k) \\ 0 & otherwise \end{cases} \tag{8}$$

式中，$k = 1, \cdots, K$，$i = 1, \cdots, N$，$t = 1, \cdots, T$。定义 $\xi_{it} = [\xi_{i1t}, \cdots, \xi_{iKt}]'$ 包含第 i 个个体在同一样本时间的所有马尔科夫链信息，那么根据式（8），模型（2）中的参数可以写为：

$$a_i(s_{it}) = \sum_{k=1}^K a_{i,k}\xi_{ikt}, \quad A_{ip}(s_{it}) = \sum_{k=1}^K A_{ip,k}\xi_{ikt}, \quad \Sigma_i(s_{it}) = \sum_{k=1}^K \Sigma_{ik}\xi_{ikt} \tag{9}$$

式中，截距项 $a_{i,k} = (a_{i,1k}, \cdots, a_{i,Mk})'$ 为 M 维的列向量，滞后项系数及方差协方差矩阵 $A_{ip}(s_{it})$ 及 $\Sigma_i(s_{it})$ 均为 $M \times M$ 维矩阵，本文主要研究财政支出政策对产出的非线性效应，因此内生变量个数 M 取 2。基于模型（8）、模型（9），模型（2）等价为：

$$y_{it} = \xi_{i1t}X_{it}\gamma_{i1} + \xi_{i2t}X_{it}\gamma_{i2} + \cdots + \xi_{i1Kt}X_{it}\gamma_{iK} + \varepsilon_{it} \qquad \varepsilon_{it} \sim N(0, \Sigma_i(\xi_{it})) \tag{10}$$

式中：$X_{it} = I_M \otimes [1 \quad y'_{it-1} \quad \cdots \quad y'_{it-p}]'$，$\Sigma_i(\xi_{it}) = \Sigma_i(\xi_{it} \otimes I_M)$，

$\Sigma_i = (\Sigma_{i1}, \cdots, \Sigma_{iK})$，$\gamma_{ik} = vec((a_{i,k}, A_{i1,k}, \cdots, A_{iP,k})')'$。

1. 分层先验

对于上述面板数据模型（1），待估参数的数目较多。为了避免这种高维参数空间所带来的计算问题，下面将采用分层先验分布（Canova 和 Ciccarelli，2009）。在这里，假设模型（10）中的参数服从以下先验分布：

$$\gamma_{ik} \sim N(\lambda_k, \underline{\Sigma}_{ik}), \quad \lambda_k \sim N(\underline{\lambda}_k, \underline{\Sigma}_k), \quad i = 1, \cdots, N, \quad k = 1, \cdots, K \quad (11)$$

其中，假设不同个体之间的条件独立：$\mathrm{cov}(\gamma_{ik}, \gamma_{jk} | \underline{\lambda}_k) = 0$；模型（10）中，方差协方差矩阵的逆 Σ_{ik}^{-1} 服从独立的 Wishat 分布：

$$\Sigma_{ik}^{-1} \sim W(\nu_{ik}, r_k), \quad r_k^{-1} \sim W(\underline{\nu}_k, r_k), \quad i = 1, \cdots, N, \quad k = 1, \cdots, K \quad (12)$$

另外，模型（10）中转移概率矩阵的第 k 行满足独立的 Dirichilet 分布，在模型（4）成立的基础上，PMS-VAR 模型的转移概率矩阵满足：

$$(p_{i, k1}, \cdots, p_{i, kK}) \sim Dir(\delta_{i1}, \cdots, \delta_{iK}), \quad i = 1, \cdots, N, \quad k = 1, \cdots, K \quad (13)$$

在模型（5）、模型（6）成立的基础上，PMS-VAR 的转移概率矩阵的先验为：

$$(p_{k1}, \cdots, p_{kK}) \sim Dir(\delta_1, \cdots, \delta_K) \quad (14)$$

式中，$p_{i, kl}$ 表示第 i 个个体从状态 k 转移到状态 l 的概率，最后在实证分析中，我们设定超参数的先验值分别为：$\underline{\Sigma}_{ik} = I$，$\underline{\lambda}_k = 0$，$\underline{\Sigma}_k = 10I$，$\underline{\nu}_{ik} = 5$，$\underline{\nu}_k = 5$，$r_k = 10I$。

2. 后验模拟

接下来，这一部分将在先验分布的基础上，基于 Gibbs 抽样（Krolzig，1997；Frühwirth，2007）对 PMS-VAR 模型参数的后验分布进行抽样。PMS-VAR 模型的似然函数为：

$$L(y, \zeta | \gamma, \Sigma, p) = \prod_{i=1}^{N} L(y_i, \zeta | \gamma_i, \Sigma_i, P) \quad (15)$$

在模型（4）至模型（6）的不同假设下，模型（15）中的 $L(y_i, \zeta | \gamma_i, \Sigma_i, P)$ 分别为：

$$L(y_i, \zeta | \gamma_i, \Sigma_i, P_i) = (2\pi)^{-\frac{TM}{2}} \prod_{t=1}^{T} |\Sigma_i(s_{it})|^{-\frac{1}{2}} \exp\left\{-\frac{1}{2} u'_{it} \Sigma_i(s_{it})^{-1} u_{it}\right\} \prod_{k,l=1}^{K} p_{i,kl}^{\zeta_{ikt}\zeta_{ilt-1}} \quad (16)$$

$$L(y_i, \zeta | \gamma_i, \Sigma_i, P_i) = (2\pi)^{-\frac{TM}{2}} \prod_{t=1}^{T} |\Sigma_i(s_{it})|^{-\frac{1}{2}} \exp\left\{-\frac{1}{2} u'_{it} \Sigma_i(s_{it})^{-1} u_{it}\right\} \prod_{k,l=1}^{K} p_{kl}^{\zeta_{ikt}\zeta_{ilt-1}} \quad (17)$$

$$L(y_i, \zeta | \gamma_i, \Sigma_i, P_i) = (2\pi)^{-\frac{TM}{2}} \prod_{t=1}^{T} |\Sigma(s_t)|^{-\frac{1}{2}} \exp\left\{-\frac{1}{2} u'_{it} \Sigma(s_t)^{-1} u_{it}\right\} \prod_{k,l=1}^{K} p_{kl}^{\zeta_{kt}\zeta_{lt-1}} \quad (18)$$

式中：$u_{it} = y_{it} - (\zeta'_{it} \otimes I_M) X_{it} \gamma_i$。另外，定义 $\gamma_{i(-k)} = (\gamma_{i1}, \cdots, \gamma_{ik-1}, \gamma_{ik+1}, \cdots, \gamma_{iK})$，$\Sigma_{i(-k)} = (\Sigma_{i1}, \cdots, \Sigma_{ik-1}, \Sigma_{ik+1}, \cdots, \Sigma_{iK})$。那么，基于 Gibbs 抽样我们进行下列迭代得到相应参数的估计：

第一，对于模型（4）、模型（5）假设下的两种模型的参数，每个个体 $i = 1$，$\cdots$，N 分别进行 Gibbs 抽样：从后验分布 $f(\gamma_{ik}|y_i，\Xi_i，\gamma_{i(-k)}，\Sigma，\lambda_k)$ 中抽取 γ_{ik}，然后从后验分布 $f(\Sigma_{ik}^{-1}|y_i，\Xi_i，\gamma_i，\Sigma_{i(-k)}，r_k)$ 中抽取 Σ_{ik}^{-1}；

其中：$k = 1$，$\cdots$，K，$\Xi_i = (\zeta_{i1}，\cdots，\zeta_{iT})$。对于模型（6）假设下的模型参数，从后验分布 $f(\gamma_k|y_i，\Xi，\gamma_{(-k)}，\Sigma，\lambda_k)$ 中抽取 γ_k，然后从后验分布 $f(\Sigma_k^{-1}|y_i，\Xi，\gamma，\Sigma_{(-k)}，r_k)$ 中抽取 Σ_k^{-1}。

第二，在模型（4）的假设下，模型转移概率矩阵 P_i 中的元素 $(p_{i,k1}，\cdots，p_{i,kK})$ 从后验分布 $f((p_{i,k1}，\cdots，p_{i,kK})|y_i，\Xi，\gamma_i)$ 中抽取；在模型（5）、模型（6）的假设下，$(p_{k1}，\cdots，p_{kK})$ 从后验分布 $f((p_{k1}，\cdots，p_{kK})|y_i，\Xi，\gamma_i)$ 中抽取。

第三，对于分层抽样中每个个体的共同部分进行 Gibbs 抽样：从后验分布 $f(\lambda_k|\gamma_k，\Sigma_k)$ 中抽取 λ_k，然后从后验分布 $f(r_k^{-1}|\gamma_k，\Sigma_k)$ 中抽取 r_k^{-1}。

第四，在模型（4）、模型（5）的假设下，基于 FFBS 对潜在状态变量 s_{it} 进行抽样；同理，对于模型（6）的假设下成立的模型，利用 FFBS 方法得到状态变量 s_t。

三、实证分析

（一）数据处理

财政支出对经济增长质量效应研究涉及的关键问题是经济增长质量的测度，对于经济增长质量测度的选择，由于其是一定性的规范性判断，当前学者并未对其形成一个统一的标准。本文借鉴了詹新宇和崔培培（2016）对经济增长质量的测量方式，构造经济增长质量指标体系，即创新、协调、绿色、开放、共享五项指标体系，而他们是利用了主成分分析法测算出我国 2000—2014 年经济增长质量的指标结果。指标中涉及数据来自《中国统计年鉴》《新中国 60 年统计资料汇编》《中国金融年鉴》《中国环境统计年鉴》《中国能源统计年鉴》《中国区域经济统计年鉴》《中国对外经济统计年鉴》以及各省统计年鉴。

核心解释变量为财政支出。本文采用财政支出占 GDP 的比重，来测量全国除港澳台以外的 31 个省、自治区、直辖市在 2000—2014 年财政支出占 GDP 的比重的变化，并且将其汇总为在东、中、西部与全国水平之间进行比较研究。在研究中关键的两个内生变量为政府支出、GDP，分别来自中经网统计数据库的地方公共财政支出及地区生产总值。考虑到通货膨胀因素，笔者分别以 2000 年为基期的 CPI 对各省、区、市地方公共财政支出和地区生产总值进行了消胀处理，得到实际财政支出及地区生产总值。

（二）统计描述

1. 经济增长质量

经济增长质量是相对于经济增长数量而言的一种价值判断，本文根据党的十八届五中全会习近平同志论述的五大发展理念（创新、协调、绿色、开放、共享）具体分析 2000 年以来中国经济增长质量的变化趋势。如图 1 所示，我们发现

2000—2014 年我国经济增长质量具有明显的波动性，总体来说呈现出先上升后下降的趋势。这一趋势与我国经济总量长期增长的趋势是不一致的。这说明，我国经济增长质量发展与经济总量的增长具有不一致性，经济发展的过程中出现了忽视质量的问题。从分地区角度来看，东、中、西部地区经济增长质量之间虽然存在一定的波动，但是总体上呈现出东部>中部>西部的趋势，东部和西部的峰值与谷值分别出现在 2009 年和 2013 年，波动幅度西部地区大于东部地区；中部地区的峰值和谷值分别出现在 2011 年和 2008 年，但与全国平均水平相比，其波动幅度更大。

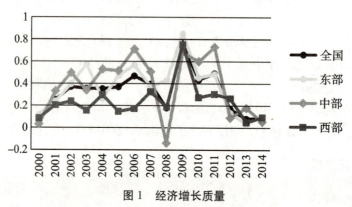

图 1　经济增长质量

2. 财政支出

如图 2 所示，从全国角度来看，总体来说，财政支出占 GDP 的比重是波动下降的，其峰值出现在 2000 年，最低值出现在 2013 年。2000—2002 年财政支出占 GDP 的比重逐年下降，2003—2008 年财政支出占 GDP 的比重缓慢上升，2009—2013 年财政支出占 GDP 的比重下降，2014 年财政支出占 GDP 的比重又再一次上升。我们认为财政支出占 GDP 的规模总体呈现下降趋势是因为，一方面地方财政支出的增长速度低于地方 GDP 的增长速度，另一方面地方财政收入增速的逐年下降也限制了我国财政支出的规模，地方财政赤字严重。

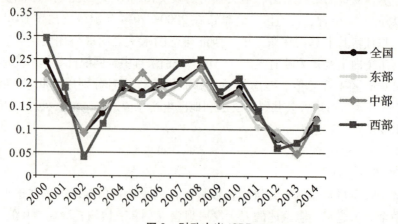

图 2　财政支出/GDP

从地方角度来看，在东部地区，其峰值与最低值依旧分别出现在 2000 年和 2013 年。总体来说，财政支出占 GDP 的比重与全国相似呈现下降趋势，但与全国平均水平相比，其波动幅度相对较小。我们认为东部地区经济发展水平相对较高，地方财政收入较稳定，因此财政支出占 GDP 的比重相对波动幅度较小，并且由于财政收入稳定也导致其财政支出水平在 2014 年转变为全国最高。在中部地区，财政支出也是呈现出总体下降的特征，其峰值与最低值分别出现在 2000 年与 2013 年，其财政支出占 GDP 的比重由低于全国平均水平转变为基本与全国平均水平相同。我们认为中部地区随着经济的发展，财政收入逐渐提高，GDP 与财政收入的增速总体与全国平均水平持平。在西部地区，财政支出依旧呈现总体下降趋势，其峰值出现在 2000 年，然而其最低值与全国平均水平相比则是出现在 2002 年，同时其财政支出占 GDP 的比重由全国最高转变为全国最低。我们认为西部地区由于经济较为落后，一开始由于政策需要，财政支出占 GDP 的比重比东西部都要高。但是，一方面西部地区基础设施的建设不断推进，另一方面西部地区经济不发达限制其财政收入，导致其最后财政支出占 GDP 的比重在全国最低。

（三）财政支出与经济增长质量分析

为进一步分析财政支出与经济增长质量的关系，本文在面板 PMS-VAR 模型的基础上模拟出一阶滞后的脉冲响应函数，并描绘脉冲反应冲击图（见图 3）。由此得出以下结论：

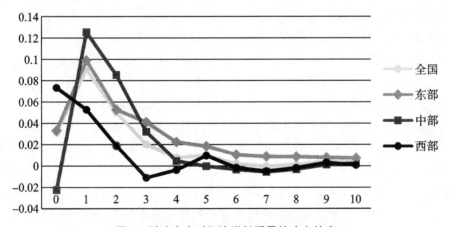

图 3　财政支出对经济增长质量的冲击效应

结论一：财政支出对中国经济增长质量总体上有着显著正向冲击的作用。

实证研究发现，在政府支出的冲击下，经济增长质量呈现出显著上升趋势，并在滞后一期达到最大值 0.9。这表明，随着财政支出的刺激，中国的经济增长质量得到了一定的提高，经济发展符合"五大发展理念"，在创新、协调、绿色、开放、共享等领域得到了显著的改善。究其原因，笔者认为随着政府支出的增加，一方面会通过政府投资的方式拉动经济增速，另一方面财政支出的增加也客观上促进了科技创新、环境保护、对外开放投入的增加，对经济结构调整、经济协调可持续发展起到了促进作用。具体体现在以下几个方面：①在创新方面，地方政府通过"看得见的手"对科技创新进行干预具有显著的促进作用（田红宇，2019）。随着财政科技投入增加，政府通过扩大政府支出去弥补市场失灵，对科技型、创新型企业提供财政资金补贴支持，激励了企业增加研发投入，助力企业技术创新升级，提升了区域创新能力（张向达，2018）。②在协调方面，通过提高社会保障、转移支付的增加，促进投资率、消费率、储蓄率的提升（蔡婷，2018）。与此同时，政府投入也会通过政府投资、政府购买的方式进一步提高投资率、消费率，促进经济结构调整；此外，政府支出的增加也会激励着产业结构调整（张浩天，2017），减少产业结构失衡，促进各产业协调发展。③在绿色方面，随着地方政府投入的增加，地方政府一方面通过投资补贴环保行业的发展，促进污染产业的更新换代，减少环境污染；另一方面，地方政府通过增加对环境污染治理的投资，促进了环境的改善（崔亚非，2009）。④在开放方面，过去政府干预程度提高往往不利于外商直接投资的发展（魏景赋，2017），但是，近年来随着我国对外开放水平的提高，财政支出的扩大客观上改善了我国的贸易条件（林峰，2014），为外商营造了良好的投资环境，对贸易条件的不利影响正逐步减弱，甚至在很多地区已经成为促进对外开放的重要因素。⑤在共享方面，财政支出具有显著的社会效应（李娜，2018）。政府通过扩大公共服务事业、文化事业、教育健康事业支出的方式影响社会经济发展，促进了经济社会和谐共享。而这五大领域相互影响，通过财政支出的冲击有效地提高了中国的经济增长质量，促进中国经济在"五大发展理念"的指导下实现从量变到质变的转变。

结论二：财政支出对中国经济增长质量的促进并不具有持续性。

通过实证，笔者发现随着时间推移，经济增长质量在滞后一期达到最大值之后不断下降，并于第六期趋向于0。这说明，财政支出与经济增长质量之间是一种短期刺激效应，不能长期持续地促进中国经济增长质量的提高。笔者认为，一方面，财政政策更多的是一种政府为了解决市场失灵而实施的短期政策。但随着时间的推移，由于政策扩大了财政赤字缺口，会使得地方政府难以持续维持积极的财政政策，使得通过财政支出提高经济增长质量的效力会不断减弱（林曦，2004）。另一方面，我国的财政支出受地方政府政策影响较大，而当前以GDP为核心的绩效考核体系和官员的任期制使得地方政府政策的周期性十分明显，官员在任期内对"五大发展理念"发展的侧重点不同，而一旦官员离任，新上任官员的发展理念一旦出现偏离，会使得过去财政支出所支持的发展领域不再具有相对优势，从而不利于经济质量的长期可持续发展。

结论三：财政支出对中国经济增长质量影响具有显著的地域性特征。

从地方角度来看，在东部地区，面对财政支出的冲击，经济增长质量呈现出与全国相同的趋势，在滞后一期达到最大值，之后不断下降趋向于0。与全国平均水平相比，其受冲击程度要低于全国平均水平，但持续时间略长于全国平均水平。

我们认为，东部地区本身市场化程度较高，财政支出对经济质量的发展并不敏感，因此，造成了经济增长质量受到财政支出冲击的表现不明显。而在中部地区，财政支出的冲击使得经济增长质量在滞后一期达到最大值，但是呈现出波动剧烈持续时间短的特征。其在滞后一期达到0.12的峰值后迅速下降，并于第五期下降至0，持续时间低于平均水平。中部地区由于市场化程度落后于东部地区，经济发展对财政支出的依赖性较大，这也造成了其经济增长质量受到冲击后波动幅度大于东部地区。西部地区面对财政支出的冲击滞后0期便达到最大值，之后不断下降，并在第三期出现负值，之后略微提升逐渐趋近于0。究其原因，我们认为我国的财政支出分为生产型支出、服务型支出和消费型支出。在西部地区，由于基础设施发展不完善，生产型支出往往占到较大比例，而生产型支出所投入的产业往往并不是经济附加值高的行业，这也造成了经济增长质量难以提高甚至出现了负向影响的原因。

四、总结与说明

本文从经济增长质量的视角出发，以2000—2014年我国除港澳台以外的31个省、区、市的面板数据为样本，采用PMS-VAR模型，实证分析财政支出对经济增长质量的效应。结果表明：①从经济增长质量来看，我国经济增长质量呈现出先上升后下降的趋势，与我国经济发展水平不一致，因此我国经济增长忽视了经济增长质量；②从地方财政支出看，地方财政支出占GDP的比重总体呈现下降趋势，一定程度上限制了财政支出对经济增长质量的促进作用；③从全国来看，财政支出对经济增长质量总体上有正向作用，但是并不具有持续性；④从地区来看，财政支出对中国经济增长质量影响具有显著的地域性特征，财政支出促进东部地区经济增长质量提高，持续性稍长但影响幅度较小；财政支出也促进了中部地区经济增长质量提高，影响幅度较大，财政支出促进西部地区经济增长质量速度快，但是效果逐渐减弱，甚至出现负效应。

因此，在保证地方财政支出数量的前提下，政府制定地方财政支出政策时，应该以提高经济增长质量为目标，推进我国社会经济的转型与发展。具体建议如下：首先，政府应该发挥积极的财政政策推动经济增长质量，同时也要提高财政资金的使用效率；其次，政府应该注重财政支出政策计划的延续性，仅仅靠短期的积极性财政政策会导致财政支出对经济增长质量提高的促进不具有延续性，因此政府应该在制订财政支出计划时保持一个长期稳定的财政支出投入；最后，在提高政府支出规模的同时，也要注重支出结构的优化与调整，符合"五大发展理念"的要求，比如增加对创新、生态环境的财政支出，对政府管理性支出进行压缩，并且对效率低下或没有效率的财政支出进行严格取缔，避免财政资源的浪费。

参考文献：

[1] B. D. 卡马耶夫. 经济增长的速度和质量 [M]. 陈华山, 左东官, 何剑, 等译. 武汉: 湖北人民出版社, 1983: 19–32.

[2] 任保平. 经济增长质量: 经济增长理论框架的扩展 [J]. 经济学动态, 2013 (11): 45–51.

[3] 刘海英, 赵英才, 张纯洪. 人力资本"均化"与中国经济增长质量关系研究 [J]. 管理世界, 2004 (11): 15–21.

[4] 钞小静, 任保平. 城乡收入差距与中国经济增长质量 [J]. 财贸研究, 2014, 25 (5): 1–9.

[5] 陈佳美. 组织创新对中国经济增长质量提高的影响分析 [J]. 经济学家, 2013 (12): 36–41.

[6] 李强, 李书舒. 政府支出、金融发展与经济增长 [J]. 国际金融研究, 2017 (4): 14–21.

[7] 郭庆旺, 吕冰洋, 张德勇. 财政支出结构与经济增长 [J]. 经济理论与经济管理, 2003 (11): 5–12.

[8] 詹新宇, 崔培培. 中国省际经济增长质量的测度与评价——基于"五大发展理念"的实证分析 [J]. 财政研究, 2016 (8): 40–53, 39.

[9] OWYANG M T, WALL H J. Business Cycle Phases in U. S. States [J]. The Review of Economics and Statistics, 2005, 87 (4): 604–616.

[10] AGUDZE K M, BILLIO M, CASARIN R. Growth-Cycle Phases in China's Provinces: A Panel Markov-Switching Approach [J]. Social Science Electronic Publishing, 2014 (2).

[11] FRÜHWIRTH-SCHNATTER S. Finite Mixture and Markov Switching Models [M] // Finite mixture and Markov switching models. Springer, 2007: 971–972.

[12] CANOVA F, CICCARELLI M. Estimating multicountry var models [J]. International Economic Review, 2009, 50 (3): 929–959.

[13] KROLZIG H M. Markov Switching Vector Autoregression, Modelling, Statistical Inference and Application to Business Cycle Analysis [J]. International Journal of Mass Spectrometry & Ion Processes, 1997, 156 (1): 85–101.

[14] 田红宇, 祝志勇, 刘魏. 政府主导、地方政府竞争与科技创新效率 [J]. 软科学, 2019, 33 (2): 22–25.

[15] 张向达, 齐默达. 财政补贴对企业研发投入是激励还是枷锁?——基于创业板上市公司经验数据分析 [J]. 辽宁大学学报 (哲学社会科学版), 2018, 46 (6): 36–45.

[16] 蔡婷. 财政政策、货币政策对消费发展的影响研究 [J]. 商业经济研究, 2018 (19): 156–158.

[17] 张浩天, 李鑫. 财政分权、经济增长与产业结构失衡——基于省级面板数据的实证研究 [J]. 经济问题探索, 2017 (8): 114–119.

[18] 崔亚飞, 刘小川. 中国省级税收竞争与环境污染——基于1998—2006年面板数据的分析 [J]. 财经研究, 2010, 36 (4): 46–55.

［19］CUI YAFEI, LIU XIAOCHUAN. Provincial Tax Competition and Environmental Pollution: Based on Panel Data from 1998 to 2006 in China ［J］. Journal of Finance and Economics, 2010, 36 (4): 46-55.

［20］魏景赋，张玉纬. 政府干预、对外开放度对我国服务业 FDI 配置效率的影响［J］. 科技和产业，2017, 17 (12): 70-73.

［21］林峰. 财政支出、贸易条件与对外开放水平——基于面板门限模型的国际经验分析［J］. 对外经济贸易大学学报，2014 (3): 63-71.

［22］李娜，李秀婷，魏云捷，等. 财政支出的社会经济效应——基于面板随机森林的分析与优化［J］. 管理评论，2018, 30 (10): 258-269.

［23］林曦. 论长期实行积极财政政策的负面影响［J］. 福建教育学院学报，2004 (4): 33-36.

国别差异对中国企业走出去的影响
——来自十年中国海外并购的证据

王　佳　赵祎玮　曾　成

内容提要： 本文通过选取 2007—2017 年由中国企业在 66 个国家发起的 932 场跨国并购，利用实证分析，综合考量宏观、企业、交易三个层面的因素，重点探讨了国别差异对中国企业跨国并购的成功率的影响，为中国企业通过跨国并购走向世界提供了借鉴与参考。研究发现，宏观经济发达、政治与国土稳定、开放程度高、文化差异小的国家更有利于中国企业跨国并购的实施，同时，较低的腐败控制程度和稳定的经济环境也有利于交易完成。

关键词： 跨国并购；中国企业；宏观环境；走出去战略

一、引言

党的十九大以来，供给侧结构性改革如火如荼，我国经济进入新常态。在这一常态下，我国的低要素成本、人口红利等优势逐渐减弱，而基础设施、产业环境、规模效益等优势逐渐建立与巩固，中国产业与企业"走出去"的需求日益强烈。对外直接投资（Foreign Direct Investment，FDI）是中国企业"走出去"的重要方式之一（张建红和周朝红，2010）。其中，海外并购又占有最重要的战略地位，是企业获取战略资源与提升国际竞争力的重要途径（Deng，2009；Rui & Yip，2008）。2018 年，中国 FDI 总额达到 1 298.3 亿美元，以海外并购方式实现的 FDI 占总额的 54%。

与之相对应的是中国海外并购绩效的低下。麦肯锡研究显示，过去 20 年里，约有 67% 的中国境外投资未取得预期效果。因此，研究影响中国企业海外并购绩效的因素，就显得尤为重要。更进一步，并购绩效可分为并购前绩效与并购后绩效，前者即并购成功率，后者即企业整合资源创造价值的绩效（蔡政元和巴曙松，2018）。目前关于并购绩效的研究多聚焦并购后绩效（Manzon G. B. 等，1994；Seth

---

作者简介： 王佳，西南财经大学财税学院副教授；赵祎玮，西南财经大学财税学院本科生；曾成，西南财经大学工商管理学院本科生。

A. 等，2002；Liu. 等，2005），研究并购成功率的则较少（Dikova D. 等，2010），存在的空白亟须填补。

学者发现，宏观经济环境会影响个体的经济行为（Malmendier & Nagel，2016）。海外并购作为一项投资行为，势必会受到宏观环境的影响。与此同时，国际局势风起云涌，中美贸易战、中俄关系、朝鲜半岛局势动荡等，增强了宏观层面的作用力。因此，本文重点研究宏观层面尤其是国别差异对海外并购成功率的影响。同时，本文拓展了 Peng 等（2009）提出的"战略三支柱"理论，综合考量其他层面，如交易层面、企业自身层面对并购成功率的影响，将其作为控制变量，使本文的研究更加系统、完善。

本文通过 Zephyr 数据库、清科数据库选取了 2007—2017 年共计 932 个并购案例。其中，Zephyr 数据库涵盖了全球范围的并购交易，而清科数据库专注于中国投资领域，是中国投资领域中最全面、精准的数据库。通过对两个数据库的筛选与综合，本文克服以往研究中样本选择的偏差，使研究结果具有更强的说服力。综上，本文综合考量文化、经济、政治等方面对海外并购成功率的影响，对中国企业"走出去"具有重要战略意义。

二、文献综述与假设提出

海外并购是海外兼并与收购的总称，是指一国企业为达到某种目标通过一定渠道与支付手段将另一国企业的所有资产或足以行使其运营活动的股份买下来，从而对另一国企业的经营、管理实施实际的或者完全的控制行为。跨国并购包括两个阶段，即决定交易是否达成的并购前阶段以及交易完成后的运营阶段。

目前众多学者对交易完成后的运营阶段的绩效进行了研究。例如，一些学者从企业层面，研究对企业自身国际化程度（杨忠和张骁，2009）、并购规模（Moeller，2014；Jovanovic & Braguinsky，2002）、并购动机（Seth，2002）等对并购后绩效的影响；另一些学者从宏观层面考察企业对外投资的影响因素（张建红等，2010；张为付，2008；李善民和李昶，2013）。但对于并购前阶段绩效的考察则较少，且主要聚焦在微观层面（Zhang，2014；刘飒和李元旭，2016；蔡政元和巴曙松，2018），即使有研究宏观因素影响的，也往往缺乏系统性，仅研究单个因素。例如，张建红等（2010）研究发现，东道国制度质量对并购成功率有影响（张建红和周朝鸿，2010）；王凤荣和曲妙（2015）通过 2009—2011 年各地的税收负担数据与并购案例，研究税收竞争对企业海外并购的影响。本文在综合前人研究的基础上，创新提出汇率波动、腐败控制、经济环境等指标，从市场规模、制度质量、文化差异以及环境稳定性四方面系统综合衡量东道国宏观因素，变量设置更为全面。

此外，在样本取得方面，前人研究多只依赖于一个数据库，如贾宪军等（2018）利用万得数据库、王凤荣等（2015）利用 CSMAR 数据库，本研究的数据来自 Zephyr 和清科两大数据库，增强了样本的准确性和可靠性。在变量数据选择方面，张建红等人（2010）使用哑变量来衡量文化倾向，同为儒家印度教思想的国家为 1，其余为 0。本文则选择较为权威的 Hofstede 文化理论，准确量化国家文化倾向。目前 Hofstede 在市场营销、全球化战略选择、文化差异研究中占有较为权威的地位（Moojie 等，2010），选用文化六变量进行打分，能更精确地衡量交易目标国与中国的文化差异大小。同时，在宏观层面上，本研究从政治稳定、经济政策稳定、汇率稳定三个因素综合评价东道国宏观环境的稳定性。

为了弥补研究中的空白，更加系统地研究宏观层面，尤其是国别差异的影响，本文借鉴"战略三支柱理论"，从宏观、企业、交易三个层面，综合考虑多种因素对中国企业海外并购成功率的影响。该理论认为，企业投资行为受到行业、企业资源与制度因素的影响（Peng 等，2009）。受该理论启发，本文从制度因素延伸到宏观环境，并且将企业性质、交易性质两个层面的因素作为控制变量，建立起全面、完善、系统的理论框架。

（一）宏观层面

1. 市场规模

市场规模对海外并购的影响是多方面的，本文从增量与存量两方面考察市场规模对海外并购的影响。

首先，东道国现有的经济规模往往会影响海外并购的数量与成功率，一般一国越发达、经济规模越大，拥有的资源与资产就越多，跨国并购企业数就会越多（Yang M. & Deng. P. C.，2017）。Ang（2008）研究发现，外商直接投资与一国 GDP 有显著正向关系，较高的 GDP 往往预示着较大的市场规模。同时，中国与印度的研究也均昭示了市场规模往往和海外并购的数量与成功率有密切联系（DeBeule F & Duanmu JL.，2012）。而 Yang 等人（2017）的研究中，更是直接指出，中国企业海外收购数量与东道国市场规模有积极的关系。同时，中国企业走出国门、走向世界，十分重要的因素正是国外广大的市场与需求。因而，标的企业所处的经济环境与市场规模必然是企业海外并购要考虑的一个因素，会对并购活动产生显著影响。

同时，根据道格拉斯生产函数 $Y = A \times F（K，L）$ 以及索洛增长模型，市场规模的增长离不开人均资本的增长。一个国家若要快速发展经济，必然会大力吸收投资，加速资本周转。故而可以推断，具有较高市场增长速度的国家，会更愿意接受外来资本，并购成功率也会更高。同时，市场规模增长较快的国家，也会具有较强的市场活力，对具有海外并购意向的企业有较强的吸引力。

综上，本文提出假设 1 和假设 2。

假设 1：在 GDP 较高的国家，中国企业的并购成功率较高。

假设 2：在 GDP 增长率较高的国家，中国企业的并购成功率较高。

2. 制度质量

有研究证明，腐败控制程度对跨国并购有显著影响。Moskalev（2010）研究发现，跨国并购更倾向于发生在法律政策环境较为廉洁的国家。而 Reisetal（2013）

直接提出具有较高制度环境质量的国家会吸引更多的跨国并购。并且，由于腐败会给跨国并购带来更多的不确定风险，提高交易成本，存在较严重腐败现象的国家往往具有较大的并购失败率。

故此，本文提出假设3。

假设3：在腐败控制程度较高的国家，中国企业并购成功率更高。

3. 文化差异

一直以来，文化因素尤其是文化差异，被认为是影响海外并购成功率的一个重要因素（Angwin，2001；Jemison & Sitkin，1987）。Chakrabarti 等人（2009）发现文化差异正向影响收购公司的长期股价。Ahern 等人（2012）从个人主义等文化价值观入手，证明了文化差异与并购数量负相关。同时，东道国文化开放度对企业并购有正向预测关系（Zhang X & Dalyk J，2011）。Buckley P. J. 等人（2010）证明，在管制较为宽松、开放度高的市场，外国资本更容易进入。Bhardwaj 等人（2007）则选取了 Hefstede 文化六变量中的不确定性规避，证明这一文化变量会影响风险感知，进而影响企业的并购选择。Derek 等人（2008）则选择了不确定性规避与权力距离两个文化变量，研究对并购交易方式的影响。故此，本文提出假设4和假设5。

假设4：文化差异越大，中国企业的并购成功率越低。

假设5：一个国家的外资开放度越高，中国企业的并购成功率越高。

4. 环境稳定性

企业在实现并购之后，会在东道国继续进行生产与经营，当地的环境稳定程度直接与企业能否安全顺利进行生产经营直接相关，所以，东道国的稳定性也会对中国企业的跨国并购行为产生影响。本研究从三个角度考虑稳定性对企业并购成功率的影响：政治、汇率、经济政策。①在政治方面，杨波等人（2018）研究证明，东道国政治稳定性越高，对跨国并购的吸引力越大，也越容易促成并购交易。②在汇率方面，Froot 和 Stein（1991）证明东道国汇率贬值与对外直接投资之间存在正相关关系，Lin 等人（2010）则证明了面对汇率波动，企业往往会延迟其跨国合并以求扩大市场的计划。由于汇率的波动性，企业往往面临更大的投资风险，因而不愿意立即签订合同，而更愿意等待观望。而面对汇率波动水平较低的国家，企业会更愿意进行投资，以求套利的机会。③在经济政策方面，一国的经济政策往往与企业的运营息息相关。经济政策越不稳定，企业合规经营的难度就越大，进而影响并购成功率。

综上，本文提出假设6至假设8。

假设6：在国土较安全与政治稳定的国家，中国企业的并购成功率更高。

假设7：在汇率波动水平较低的国家，中国企业的并购成功率较高。

假设8：在经济环境较稳定的国家，中国企业的并购成功率较高。

（二）企业层面

企业自身的性质也会对海外并购成功率造成影响，比如收购企业与被收购企业的所有制形式，被收购企业所处的行业等（张建红和周朝鸿，2010）。在本文中，鉴于中国企业海外并购的特点与当下局势，不对这些因素做具体分析，而是作为控制变量引入。主要的控制变量有国有企业、高科技企业和资源型企业。

1. 收购企业的所有制性质

虽然国有企业的实力要强于私营企业，但鉴于西方国家对中国国有企业的政治敏感与警惕（Antkiewicz & Whalley，2007），国有企业在海外并购可能反而遇到更大的阻力。相反，董莉军（2017）发现，收购方为私营企业时，跨国并购更容易成功。因此，收购企业的所有制性质会影响海外并购成功率。当收购方是私营企业时，收购成功率更高。

2. 被收购企业所处的行业性质

当被收购企业处于高新技术产业时，很容易引发东道国的政治情绪。近年来，华为对美收购多次失败，收购美国一家云计算公司时更是受到了美国华盛顿方面的高度关注。因此，收购高新技术行业的企业时，中国企业受到的阻力较大。同时，中国企业海外并购就是为了获取先进技术（Deng，2009），但因为双方技术差距太大，收购动机更容易受到怀疑。同样，当被收购企业处于战略性、敏感性资源行业时，并购成功率较低（李诗，2017）。因此，可以认为，被收购企业所处的行业性质，尤其是不是高新技术产业，是不是重要资源行业，会影响海外并购成功率。

（三）交易层面

目前已有多篇文献证明交易层面的因素会影响海外并购成功率（Muehlfeld，K.等，2007；Zhou等，2016）。由于数据的可得性，本文选取交易规模相关的变量作为控制变量。一方面，交易的规模即金额数目越大，收购方面临的风险也就越大，交易越难成功（McCardle，K. F.等，1994）；另一方面，收购的比例越高，被收购方的股东面临的风险就越大，交易难度越大（张建红等，2010）。

三、数据、变量及分析方法

为保证样本数据的真实可靠，本文利用 Zephyr 数据库与清科数据库进行对比补充，共筛选出 932 起中国海外并购案例，时间跨度为 2007—2017 年，目标方所属国共 66 个，涉及亚洲、大洋洲、美洲、欧洲、非洲五大洲。同时，本文只专注于研究以扩大市场或竞争力为目的的企业并购战略，明显的以避税为目的的并购案例，如被购方位于开曼群岛（制度高度不透明、大幅度税收优惠）等地的大宗交易，均被排除在外。

对本文所用样本总体进行描述性统计分析如下：

图 1 是中国海外并购 2007—2017 年意向及完成交易数图。

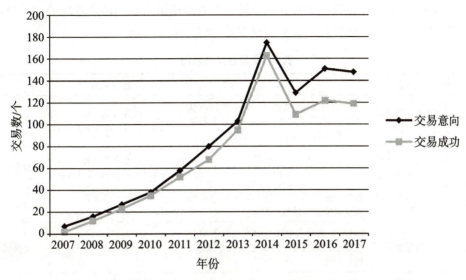

图1　中国海外并购 2007—2017 年意向及完成交易数

从时间角度，随着我国走出去战略的实施，越来越多的企业选择通过海外并购来完成自身国际化的目标，故而海外并购案例数逐年攀升。同时，随着时间的增长、经济的发展，交易意向数与交易成功数之间的差距却越来越大。也就是说，在国际局势风云变幻的今天，提高我国企业海外并购的成功率是实现走出去战略的重要议题。

从地理分布角度，表1列出了样本中交易数排名前十的目的地及具体信息，共占总样本的 71.35%。美国作为全球最大经济体，在技术、市场等方面都处于领先位置，是中国企业海外并购的最主要目的地，其次为英国、德国等。

表1　中国海外并购主要目的地交易数

国家	交易个数/个	所占比例/%
美国	234	25.11
英国	71	7.62
德国	70	7.51
澳大利亚	66	7.08
加拿大	63	6.76
新加坡	43	4.61
意大利	43	4.61
日本	33	3.54
荷兰	22	2.36
韩国	20	2.15

　　本文的实证分析共引入了 8 个自变量，多方面衡量东道国的宏观环境，又分别在交易层面和企业层面引入了 5 个控制变量，详见表 2。

表 2　变量含义及来源

变量名称	变量含义	计算方法	数据来源	变量性质
lGDP	国内生产总值的对数	一个国家或地区所有常住单位，在 2007—2017 年，每年生产的全部最终产品和服务价值的总和为 GDP。	世界发展指标 World Development Indictaors.	自变量
GG	国内生产总值增速	$\dfrac{GDP_i - GDP_{i-1}}{GDP_{i-1}}$	世界发展指标 World Development Indictaors.	自变量
CC	国家腐败控制程度	世界治理指数对 2007—2017 年东道国在交易中的腐败控制打分	世界治理指数 Worldwide Governance Indicators	自变量
Culture	文化差异	Hofstede 文化六维度打分同一化后取平均值，再取其与中国文化倾向得分之差的绝对值	The Hofstede Centre	自变量
OP	对外投资开放度	$\dfrac{FDI}{GDP}$	国际货币基金组织 International Monetary Fund	自变量
PS	政治稳定与国家安全系数	世界治理指数对 2007—2017 年东道国的政治稳定性和国土安全无恐度打分	世界治理指数 Worldwide Governance Indicators	自变量
VE	汇率波动程度	各国每年 12 个月汇率水平的标准差	EIU Country Data 数据库	自变量
EPU	经济政策不确定性	经济政策不确定性指标中，各国每年 12 个月的得分平均值	Economic Policy Uncertainty Index	自变量
Stateown	国有企业	哑变量，如果收购企业是国有企业为 1，否则为 0	清科 Zdatabase 数据库	控制变量
Scale	交易规模	收购交易的金额总额，以百万美元为单位	清科 Zdatabase 数据库 BVD zyphr 数据库	控制变量
Ratio	收购比例	收购股份占收购目标总股份的比例	清科 Zdatabase 数据库 BVD zyphr 数据库	控制变量
Tech	高科技产业	哑变量，如果目标企业是高科技企业为 1，否则为 0	清科 Zdatabase 数据库	控制变量
Resource	资源型产业	哑变量，如果目标企业是资源型企业为 1，否则为 0	清科 Zdatabase 数据库	控制变量

　　本文采用 Logit 模型进行参数估计：

$$P(i) = \frac{1}{[1 + e^{-\beta X(i)}]}$$

　　式中，$P(i)$ 表示样本中第 i 个交易是否成功，$X(i)$ 为自变量和控制变量向量，β 表示待估计的系数。

　　在估计之前，本文对所有自变量及控制变量做了多重共线性检验，其中，除经济政策不确定性（*EPU*）之外，所有变量的 *VIF* 都小于临界值 5，故这些变量间不会受到严重的多重共线性影响；而经济政策不确定性（*EPU*）与 GDP 增速（*GG*）以及政治稳定与国家安全系数（*PS*）存在一定共线性。

因此，本文的实证研究分为三个部分：回归 1 包含所有的控制变量，回归 2 包含除 *EPU* 以外所有的自变量以及控制变量，回归 3 中剔除了 *GG*、*PS*，加入了 *EPU* 变量。

四、回归结果及讨论

表 3 给出了本文模型的估计结果。为保证结果的稳健性，我们还利用 Probit 模型进行二次估计检验，所得结论一致。

表 3　估计结果

变量名称	回归 1		回归 2		回归 3	
	系数	标准误差	系数	标准误差	系数	标准误差
lGDP			0.655 4***	0.184 4	0.819 5**	0.358 1
GG			0.119 6*	0.064 8		
CC			−0.519 3**	0.219 9	−0.297 7	0.288 1
Culture			−0.014 5*	0.021 9	−0.034 1*	0.033 3
OP			7.509 3**	3.491 9	9.007 9*	4.750 7
PS			1.162 0***	0.245 9		
VE			0.000 1	0.001 3	0.000 6	0.023 3
EPU					−0.004 3*	0.002 3
Stateown	−0.664 5**	0.284 6	−0.840 2***	0.308 2	−0.059 34*	0.403 6
Scale	0.001 5**	0.000 6	0.002 0***	0.000 7	0.001 9**	0.000 9
Ratio	−0.006 0*	0.003 2	−0.008 2**	0.003 5	−0.003 0*	0.004 3
Tech	1.554 8***	0.347 6	1.934 2***	0.387 5	2.451 6***	0.737 6
Resource	0.191 1	0.277 9	0.344 0	0.306 2	0.528 3	0.415 3
Constant	1.727 6***	0.272 7	−2.821 8**	1.181 6	−3.427 7*	2.570 7
Log likelihood	−294.009 1		−261.978 7		−156.134 6	
Prob>chi2	0.000 0		0.000 0		0.000 0	
Number of observation	932		932		601	

注：* p<0.10、** p<0.05、*** p<0.01。

由表 3 可知，本文的三个回归的似然比检验值都在 1% 的水平上显著，其解释能力都是可信的。其中，因 Economic Policy Uncertainty Index 目前只包含 20 个国家的数据，故回归 3 中的有效样本数有部分减少。从样本的充实度出发，变量 *EPU* 的实证结果由回归 3 得到，其余解释变量的实证结果由回归 2 得到。

回归 1 揭示了控制变量对中国企业跨国并购成功率的影响。收购方的国有性质不利于交易的成功，且在 5% 的水平上显著。交易的成功率也显著与交易规模有关，其中，与金额规模成正比，与收购比例成反比。目标方如果为高新技术企业，则交易更易于成功进行，在1%的水平上显著，这可能是由于国际技术交流受到政策支持，而且涉及技术专利的收购企业的指向性更明确，会有利于促进交易的完成。但对于资源型目标企业，这种现象则不明显，其相应参数不显著。

回归2和回归3包含了所有的自变量与控制变量。从估计结果来看，控制变量与回归1呈现相同的趋势。自变量中，东道国的市场规模与交易成功率在1%的水平上显著，经济增速在10%的水平上显著。而关于制度质量的结论与本文的假设不符，腐败控制程度越高的国家，越不利于交易的成功，且在5%的水平上显著。文化差距与并购成功率成反比，在10%的水平上显著。同时，经济越开放、政治与国土安全越稳定的国家，越有利于交易的完成，分别在1%和5%的水平上显著。由回归3可知，经济环境的稳定可提高交易的成功率，在10%的水平上显著。东道国的利率波动对交易的影响不显著，我们将会在今后的研究中进一步深入分析。根据实证结果，本文做出以下讨论。

（一）市场规模

市场是中国企业跨国并购的主要推动力之一，更大的经济规模意味着更大的市场规模。实证结果表明，东道国GDP越高，越有利于跨国并购交易的成功。所以，假设1成立。

经济的增长意味着市场的潜力与并购后企业在当地的经营发展前景相关。但如果以绝对量来衡量这种增长，会受到原经济体体量的影响，造成估量失真；如果以经济增长的相对量，即增速，可以有效地估计东道国的经济增长实力。由实证回归结果可知，经济增长与跨国并购成功率显著正相关，假设2成立。

（二）文化差异

回归结果表明，东道国与中国之间的文化差异对跨国并购的成功率有负面影响，支持本文的假设4。并购时的有效整合是决定此次交易绩效的重要环节，而两企业间若文化差异较大，则整合的难度更大，风险也更大，容易导致交易时的谈判失败。

跨国并购是外商直接投资的主要形式，受东道国的外资开放程度的影响，更开放的国家，一方面可以吸引更多的外资进入，另一方面为外资的持续引入提供了更加便利的条件。实证结论也支持本文的假设，即目标国的外资开放度越高，中国企业的并购成功率越高。

（三）环境稳定性

东道国的政治稳定与国土安全决定交易后企业能否在东道国顺利经营，所以与并购的成功率关系紧密。回归结果显示，在1%的水平上，假设6显著成立，即在政治较稳定与国土较安全的国家，中国企业并购成功率更高。

汇率波动程度的参数估计趋势与本文的假设相反且不显著，这可能是由于本文样本数据以年为划分单位，计算周期与各并购案例的实质进行期不符所致。这一问题值得我们继续探索。

稳定向好的经济态势不仅会给予卖方经营信心，也会为跨国交易提供便利条件。正如本文假设，经济政策稳定性在 10% 的显著水平上对跨国并购的成功率有正向影响。

五、关于内生性的讨论

为检验回归模型可能存在的内生性，本文利用模型回归得到的残差与各解释变量进行线性回归，以判断该回归是否存在内生性问题。

如表 4 所示，各检验回归中的 t 统计量与 F 统计量都小于临界值，残差的 P 值均大于 0.8。故本文所用回归模型受到内生性的影响较小，具有较强的稳健性。

表 4　检验结果

	检验 1	检验 2	检验 3	检验 4
被检验变量	*lGDP*	*GG*	*CC*	*Culture*
Resid	0.000 4	0.012 7	−0.016 6	−0.013 7
Constant	6.236 9***	2.296 2***	1.229 2***	11.119 0***
Prob>F	0.995 6	0.952 6	0.864 9	0.984 1
Number of observation	932	932	932	932
	检验 5	检验 6	检验 7	检验 8
被检验变量	*OP*	*PS*	*VE*	*EPU*
Resid	0.000 1	−0.014 6	−0.679 7	−0.000 1
Constant	0.038 2***	0.517 8	12.292 1***	144.861 6***
Prob>F	0.988 4	0.843 3	0.938 8	0.999 9
Number of observation	932	932	932	601

六、结论及启示

本文从宏观、企业、交易三个层面考量，对筛选出的 932 个中国企业跨国并购案例进行回归分析。实证研究发现，东道国的宏观因素对中国企业跨国并购的成功率有较大的影响：市场规模方面，东道国的经济规模和经济增长都与交易的成功率成正比；制度质量方面，东道国的腐败控制对交易的进行有抑制作用；文化差异方面，东道国的开放程度越高，文化差异越小，中国企业的跨国并购越容易成功；对于经济环境稳定性，国土安全与政治稳定对交易有促进作用，而汇率的波动并没有显著影响。

当今国际局势风云变幻，本研究为中国企业如何更好地走出去提供了参考。首先，在明确收购目的和目标企业特质时，要综合考虑目标企业的行业、所有权等性质。其次，可以通过东道国的选择来尽可能提高交易成功率，尽量选择经济规模大、经济环境好、开放度高的国家。同时也要考量其政治稳定性和腐败控制程度，一方面要选择外资接纳度高的国家，另一方面要为并购后的持续经营考虑，充分估计东道国文化和政策的影响力。在交易环节，企业也可通过对交易规模和收购比例等因素的调节，进一步提高并购的成功率。

本文研究主要从宏观角度出发，在东道道国的选择上对企业走出去提出了一些的建议。而在实际中，企业的选择还受到许多企业内部具体因素的影响，如海外并购经验、中介效用等。因而，研究还结合案例考量，促进中国企业走出去战略又快又好的实施。

参考文献：

[1] 谷宇，高铁梅. 人民币汇率波动性对中国进出口影响的分析 [J]. 世界经济，2007 (10)：49-57.

[2] 李诗，黄世忠，吴超鹏. 中国企业并购敏感性海外资产的经验研究 [J]. 世界经济，2017 (3)：99-121.

[3] 董莉军. 中国企业跨国并购交易完成率决定因素分析 [J]. 国际商务研究，2017 (3)：87-96.

[4] 刘飈，李元旭. 我国企业跨国并购绩效影响因素的研究 [J]. 国际商务，2016 (3)：65-73.

[5] 季成，任荣明. 中国企业跨国并购的融资支付方式研究 [J]. 经济纵横，2007 (10)：6-8.

[6] 俞萍萍，赵永亮. 东道国制度质量对中国企业跨国并购区位选择的影响 [J]. 国际经贸探索，2015，31 (10)：96-112.

[7] 李善民，李昶. 跨国并购还是绿地投资？——FDI 进入模式选择的影响因素研究 [J]. 经济研究，2013 (12).

[8] 杨忠，张骁. 企业国际化程度与绩效的关系 [J]. 经济研究，2009 (2).

[9] 王凤荣，曲妙. 税收竞争，区域环境与资本跨区流动——基于企业异地并购视角的实证研究 [J]. 经济研究，2015 (2)：16-30.

[10] 张建红，卫新江，海柯·艾伯斯. 决定中国企业海外收购成败的因素分析 [J]. 管理世界，2010 (3).

[11] 张建红，周朝鸿. 中国企业走出去的制度障碍研究——以海外收购为例 [J]. 经济研究，2010 (6)：80-119.

[12] 张为付. 影响我国企业对外直接投资因素研究 [J]. 中国工业经济，2018 (11).

[13] 袁微. 二值选择模型内生性检验方法、步骤及 Stata 应用 [J]. 统计与决策，2018，34 (6)：15-20.

[14] AHERN K R. Bargaining power and industry dependence in mergers [J]. Journal of Financial economics，2009，103 (3)：530-550.

[15] ANG J B. Determinants of Foreign Direct Investment in Malaysia [J]. Journal of Policy Modeling，2008，30 (1)：185-189.

[16] ANGWIN D. Mergers and Acquisitions Across European Borders: National Perspectives on Preacquisition Due Diligence and the Use of Professional Advisers [J]. Journal of World Business,

2001, 36 (1): 32-57.

[17] ANTKIEWICZ A, WHALLEY J. Recent Chinese Buyout Activity and the Implications for Wider Global Investment Rules [J]. Canadian Public Policy, 2007, 33 (2): 207-226.

[18] BHARDWAJ A, DIETZ J, BEAMISH P W. Host Country Cultural Influences On Foreign Direct Investment. Management International Review. 47: 29. https://doi.org/10.1007/s11575-007 -0003-7.

[19] BUCKLEY P J, CLEGG L J, CROSS A, et al. The Determinants of Chinese Outward Foreign Direct Investment. In: Foreign Direct Investment, China and the World Economy. Palgrave Macmillan, London, 2010.

[20] CHAKRABARTI R, JAYARAMAN N, MUKHERJEE S. Mars-Venus Marriages: Culture and Cross-border M&A [J]. Journal of International Business Studies, 2009, 40 (2): 216-236.

[21] DENG P. Why do Chinese Firms Tend to Acquire Strategic Assets in International Expansion? [J]. Journal of World Business, 2009, 44 (1): 74-84.

[22] DE B F, DUANMU J L. Locational Determinants of Internationalization: Affirm-level Analysis of Chinese and Indian Acquisitions [J]. European Management Journal, 2012, 30 (3): 264-277.

[23] DEREK LEHMBERG, MATT DAVISON. The Impact of Power Distance and Uncertainty Avoidance on Real Options Exercise: Potential for Suboptimal Time Delays and Value Destruction [J]. Journal of Behavioral Finance, 2012 (1).

[24] DIKOVA D, SAHIB P R, WITTELOOSTUIJN A V. Cross-border Acquisition Abandonment and Completion: The Effect of Institutional Differences and Organizational Learning in the International Business Service Industry, 1981—2002 [J]. Journal of International Business Studies, 2010, 41 (2): 223-245.

[25] JEMISON D B, SITKIN S B. Acquisitions: The Process Can be a Problem [J]. Harvard Business Review, 1987, 60 (1): 107-116.

[26] LIU X, BUCK T, SHU C. Chinese Economic Development, the Next Stage: Outward FDI? [J]. International Business Review, 2005, 14 (1): 97-115.

[27] MALMENDIER U, NAGEL S. Depression Babies: Do Macroeconomic Experiences Affect Risk Taking? [J]. Quarterly Journal of Economics, 2011, 126 (1): 373-416.

[28] MANZON G B, SHARP D J, TRAVLOS N G. An Empirical Study of the Consequences of U.S. Tax Rules for International Acquisitions by U.S. Firms [J]. Journal of Finance, 1994, 49(5).

[29] MOSKALEV S A. Foreign Ownership Restrictions and Cross-border Markets for Corporate Control [J]. Journal of Multinational Financial Management, 2010, 20 (1): 48-70.

[30] MOOJI D M, HOFSTEDE G. The Hofstede Model: Applications to global Branding and Advertising Strategy and Research. International Journal of Advertising, 2010.

[31] MUEHLFELD K, SAHIB P R, WITTELOOSTUIJN A V. Completion or Abandonment of mergers and acquisitions: Evidence from the Newspaper industry, 1981—2000 [J]. Journal of Media Economics, 2007, 20 (2): 107-137.

[32] PENG M W, WANG D Y L, JIANG Y. An Institution-based View of International Busi-

ness Strategy: A Focus on Emerging Economies [J]. Journal of International Business Studies, 2008, 39 (5): 920-936.

[33] PENG M W, SUN S L, PINKHAM B, et al. The Institution-based View as a Third Leg for a Strategy Tripod [J]. Academy of Management Perspectives, 2009, 23 (3): 63-81.

[34] RUI H, YIP G S. Foreign Acquisitions by Chinese Firms: A Strategic Intent Perspective [J]. Journal of World Business, 2008, 43 (2): 213-226.

[35] SETH A, SONG K P, PETTIT R R. Value Creation and Destruction in Cross-border Acquisition: An empirical Analysis of Foreign Acquisitions of U. S. Firms [J]. Strategic Management Journal, 2002, 23 (10).

[36] YANG M, DENG P. Cross-border M&As by Chinese Companies in Advanced Countries: Antecedents and Implications [J]. Thunderbird International Business Review, 2017, 59 (3): 263-280.

[37] ZHANG J H, HE X M. Economic Nationalism and Foreign Acquisition Completion: The Case of China [J]. International Business Review, 2014, 23 (1): 212-227.

[38] ZHOU C X, XIE J H, WANG Q. Failure to complete cross-border M&As As "to" vs. "from" emerging markets [J]. Journal of International Business Studies, 2016, 47 (9): 1077-1105.

[39] MCCARDLE, K F, VISHWANATHAN S. The Direct Entry Versus Takeover Decision and Stock Price Performance around Takeovers [J]. Journal of Business, 1994, 67 (1): 1-43.

新时代"互联网+"预算监督的路径与方向

周克清　吴红伯

内容提要："互联网+"预算监督是新时代国家治理现代化的要求，是预算监督发展的方向。本文围绕互联网技术进步为预算监督带来的机遇和挑战，深入研究了新时代"互联网+"财政预算监督的路径与方向。

关键词："互联网+"；预算监督

一、引言

随着互联网技术不断进步，"互联网+"不断融入诸多传统行业，从而为包括预算监督在内的众多改革与创新提供了新动力，为预算监督工作提供了新工具。简单来说，"互联网+"预算监督是把互联网技术深入应用到预算监督领域，通过云计算技术、大数据分析、区块链等互联网技术，构建新型财政预算监督模式。"互联网+"预算监督的实质是对财政预算监督方式的创新，从而降低预算监督成本，提高预算监督效率。

国内学者对于预算监督信息化的研究可分为理论和实践两个方面。理论方面的研究集中在全口径预算监督和预算公开透明监督等层面。魏陆（2016）[①]围绕全口径预算信息公开透明保障机制的构建，关注预算监督信息化的专门性、动态性和便利性，主张运用网络技术手段促进预算信息的公开透明。张玲等人（2015）[②]探讨了国家治理与现代预算公开制度改革，主张利用互联网提高预算管理信息化水平，提高公民对预算监督的参与度。雷超凡等人（2018）[③]围绕"互联网+"阳光财政发展中的问题，阐述了如何通过二者有机结合来实现财政工作的公开透明。实践方面的研究主要反映各地建设预算监督平台的经验与成果。从 2004 年起，广

作者简介：周克清，西南财经大学财税学院教授；吴红伯，西南财经大学财税学院硕士研究生。

①　魏陆. 全口径预算信息公开透明保障机制构建研究［J］. 上海交通大学学报，2016（2）：5–11.

②　张玲，凌岚. 国家治理与现代预算公开制度改革［J］. 经济与管理研究，2015（2）：94–99.

③　雷超凡，李铜山."互联网+"阳光财政发展中的问题及对策［J］. 现代经济信息，2018(2)：225–227.

东省和四川省开始建设预算联网监督系统，积累了一些经验。随着 2017 年 6 月 30 日全国人大常委会办公厅印发《关于推进地方人大预算联网监督工作的指导意见》，各地区逐步开展了预算联网监督工作。何勇立（2017）[①] 结合广东省建立的财政预算支出联网监督系统，阐述了广东省在预算监督改革中的相关举措和重要意义。陶生元（2018）[②] 结合全国人大常委会关于推进预算联网监督工作的部署要求，阐述了四川省人大在建立预算监督平台方面做出的探索。曾笑（2016）[③] 回顾总结了近年来财政监督的信息化进程，对如何构建"互联网+"财政监督提出了政策建议。总体而言，国内对"互联网+"财政预算监督路径的系统性研究较为缺乏。鉴于此，本文深入研究了新时代"互联网+"财政预算监督的路径与方向，以期对此问题的研究有所裨益。

二、新时代"互联网+"预算监督的前提与基础

（一）"互联网+"预算监督是国家预算监督现代化的方向

财政是国家治理的基础和重要支柱，国家治理现代化要求建立现代财政制度。现代预算制度是现代财政制度的重要内容，现代预算制度的建设必然要求预算监督的现代化。现代预算制度要求预算监督治理主体更加协同、治理内容更加开放、治理方式更加科学，而"互联网+"技术有助于实现预算监督的现代化。

从治理主体看，预算监督涉及财政部门、审计部门、人民代表大会以及社会公众等主体。要利用互联网技术推动各主体相互统筹，共同有效参与预算监督工作。

从治理内容看，预算监督要求对财政资金运动的全过程进行监督，要求对全部财政资金进行监督，即实现全覆盖。预算数据分散在国库部门、财政税务和预算单位等机构，没有形成数据共享和分析系统。虽然经过各层级各部门的不断努力，但数据孤岛的现状仍没有得到根本性的改观。因此，要利用互联网技术整合全部预算资金及其运行过程的数据，进行预算数据共享和分析，为预算监督人员提供更有价值的信息。

从治理方式看，预算监督要求实现事前监督、事中监督和事后监督的全过程监督。传统上，预算监督的重点是事后监督，在一定程度上忽视了事前监督和事中监督。互联网技术的兴起有助于监督主体随时从监督平台上获得相应的监督信息，从而将静态监督转为动态监督，从单纯的事后监督转为全过程监督。

（二）"互联网+"预算监督能够满足社会公众参与预算监督的要求

改革开放以来，我国社会经济取得了长足的进步，国家民主化进程不断加快，普通民众的民主意识不断增强。特别是近年来我国不断完善国家政治制度，推进

---

① 何勇立. 广东打造"透明钱柜"［J］. 决策，2017（Z1）：54—56.
② 陶生元. 切实做好人大预算审查监督工作［J］. 中国人大，2018（20）：41.
③ 曾笑. "互联网+"时代财政监督体系的构建［J］. 财政监督，2016（21）：42—46.

民主化建设，社会公众的监督意识不断觉醒，在很大程度上进一步助推了整个国家与社会的进步。互联网技术的普及为社会公众监督政府预算提供了新的路径。在互联网和自媒体时代预算监督不再局限于人大代表和审计部门，社会公众也可以随时随地在网络平台上对预算编制、预算执行和预算结果进行监督。

近年来，社会公众通过网络平台对预算资金运行情况进行了卓有成效的监督，有力地督促了各级政府部门改进工作方法、提高预算资金使用效率。社会公众还通过网络平台监督公职人员的违法失职行为，检举其贪污腐败行为。通过互联网平台，社会公众能够发现局部地区和行业预算结构的不合理，从而为政府提高预算资金使用效率提供多样性的声音。

三、新时代"互联网+"预算监督的机遇与挑战

（一）"互联网+"预算监督的机遇

在纸媒时代，预算监督只能借助于预算资金运动产生的相关纸质文本；大量的纸质文本不仅获取渠道窄且难，而且要从海量的文本信息中研究预算资金管理的真实性、有效性和合法合规性，需要花费大量的时间和精力，难以窥见预算资金运动的全貌。但随着互联网技术的进步，这些问题的解决逐渐有了很好的技术手段。

1. 网络信息传播日益普及

截至2018年6月，我国网民规模已经达到8.02亿，互联网普及率为57.7%，互联网成为信息传播最有效的工具。互联网普及之前，预算监督主体和客体之间存在信息不对称和监督成本过高问题。网络传输质量的提高和WI-FI的普及推动社会公众从PC时代逐步走向移动互联网时代，监督主体随时随地在手机上查询信息和数据，表达意见和需求，极大地降低了信息传播成本。在预算监督领域，社会公众通过互联网手段，对预算资金的使用和分配等问题发出越来越多的声音。特别是在社会公众的推动下，预算信息公开力度不断加大。比如，我国逐步实现了部门预算和政府预算的全部公开，逐步公开相关项目的诸多细节，公开信息的可读性不断提高。互联网技术的进步不仅拓展了社会公众获取预算信息的渠道，提高了政府预算信息的可信度，而且能够有效地发挥社会公众对财政预算的监督和约束作用，助推了预算监督的有效性，也在一定程度上提高了政府的公信度。

2. 大数据分析技术日渐成熟

随着数据日益成为一种重要资源，大数据分析为预算监督的现代化提供了很大机遇。通常认为，大数据分析是指将把海量的数字和文字信息转化为可以度量的数据，并通过数据之间对比和分析，进而获取有价值的信息。大数据分析区别于传统的数据分析，其处理的数据规模更大，更容易发现数据之间的微小差别。

从预算监督部门看，可以利用大数据分析技术从不同地区、不同年份的预算编制、执行及决算数据中获取相关规律，并以此为依据判定预算编制的合理性与合规性、预算执行的有效性及决算结果的真实性等，提高财政资金的配置效率。

监督部门通过对国库部门、预算单位等机构的预算资金收支数据进行研究，分析相关机构之间的资金过往关系并实时监督，及时发现潜在的预算执行风险，保障预算资金的安全及预算执行的效率。事实上，普通民众也可以通过相应的技术提取预算资金的运行信息，并进而分析和监督预算资金的运行情况。

3. 云计算技术不断进步

云计算技术是信息化系统中应用网络技术、信息技术、整合技术、管理平台技术、应用技术等的总称。通过云计算技术可以组成资源池，按需所用，灵活便利。云计算技术为预算编制、执行及决算中海量信息和数据的采集与存储带来了极大便利，可以实现预算数据和信息的跨地区、跨时间、跨层级共享。云计算技术为预算监督系统的搭建提供了技术支持，预算相关部门利用监督系统把预算信息按照预算监督层级及权限向监督主体及社会公开。监督人员只需要在预算监督系统中输入简单搜索指令，就能得到所需要的预算数据和信息；预算编制及执行相关部门利用监督人员实时反馈的信息和意见，促进预算编制和执行过程，从而形成良性循环，实现预算监督对预算编制及执行的约束和控制。

（二）"互联网+"预算监督面临的挑战

1. 各行为主体对"互联网+"预算监督的观念接受问题

互联网技术与预算监督结合，既涉及技术的创新，也涉及理念的创新，还涉及观念的更新。理念与观念是行动的先导，而预算编制及执行部门是否能够接受互联网条件下的预算监督，预算监督主体能否按照互联网思维进行预算监督，都会对"互联网+"预算监督的有效性产生重大影响。首先，"互联网+"预算监督要求各预算管理部门重新设计预算资金管理流程，以符合"互联网+"预算监督的要求。比如，预算资金管理流程要便于预算监督主体获取预算资金的运动信息。这不仅要求监督主体能够较为方便地从预算编制部门获得信息，而且要求能够较为方便地从预算执行部门获得相关信息。其次，"互联网+"预算监督要求预算编制和执行信息能够得到全方位的公开。现实地看，部分部门不愿意将其信息通过相关渠道公开，或汇集到预算监督系统，导致监督主体无法快速查阅相关预算信息。最后，"互联网+"预算监督要求预算监督主体能够有效利用互联网技术进行监督。互联网技术的进步已经影响到社会的各个阶层，但部分监督主体难以改变思维方式和行为习惯，不愿意花时间来学习最新的监督方式，导致"互联网+"预算监督难以落到实处。

2. 数据信息的互联互通与安全性问题

要实现"互联网+"预算监督，必须以庞大的数据信息作为支撑，其前提是数据的互联互通。在纸媒时代，每个部门都掌控着自身的预算编制与运行信息，致使无法对各级政府的预算信息进行全方位的监督和管理。即使是在计算机和互联网时代，数据信息的互联互通也不是想当然就可以实现的。其主要原因至少有两个：一是各个部门前期完成的预算信息管控系统具有差异化的数据接口和标准。由于数据接口和标准不同，各个部门即使有心进行数据的互联互通，也无法真正实现数据的有效对接。二是个别部门将其预算信息视为私有信息而不愿意分享给相关部门。在此背景下，国内的数据孤岛比比皆是，导致预算监督部门无法有效获取相应的预算信息。

数据信息的安全性是"互联网+"预算监督必须高度重视的问题，是预算监督系统建立和发展的必要条件。只有在数据信息安全的条件下，才能进行预算数据的管理和分析，才能推动预算监督系统的高效运转。"互联网+"预算监督的建设过程中主要有两个风险：一是数据系统性带来的风险。预算监督系统会集中统一管理各级财政部门和相关预算部门的数据信息，数据集成虽然可以降低数据采集和分析的成本，为预算监督带来了便利，但总数据库一旦出现问题往往牵一发而动全身，将对整个财政预算监督系统产生较大的负面影响。二是预算编制及执行部门内部面临的风险，各级财政部门和相联预算部门的信息化水平的差异性可能会导致涉密预算数据被恶意篡改和泄露等风险，由此导致数据信息的安全性受损。

3. 数据信息的科学管理与分析问题

在长期的实践过程中，国内预算管理及监督部门已经积累了海量的预算信息。从预算数据管理看，数据采集不仅包括各级政府的预算数据，而且包括相关预算部门的数据。但是，由于各预算单位使用不同的会计软件，预算资金信息很难集中归口到预算监督部门。进一步讲，即使这些数据能够接入预算监督部门，海量的预算数据如何进行存储和分类、如何进行科学管理与分析，对预算监督系统的建设提出了挑战。目前，实务部门虽然取得了一定的成绩，但相关指标设置的科学性与合理性尚有待提高。具体来说，需要进一步满足各层级预算监督主体的需求本身就是一个挑战。

四、"互联网+"预算监督模式的路径与方向

（一）构建"互联网+"预算监督系统的集成平台

1. 建立"互联网+"的预算数据信息共享平台

"互联网+"预算监督系统要真正发挥作用，必须构建基于"互联网+"的数据信息共享平台。正如前文所言，各部门各自为战形成了数据孤岛，限制了"互联网+"预算监督的效能。要最大限度地发挥预算监督的作用，必须实现多个部门系统之间的数据融合。完善数据的信息共享平台能够为预算监督提供及时、全面、准确的数据信息，方便预算监督机构与监督人员搜集和分析预算数据，是建立预算监督系统的前提条件。

数据信息共享平台应以国库支付系统数据为基础，以预算单位、税务部门、国资部门等的资金往来数据为信息重点。[①] 人大预算监督系统、审计预算监督系统要能够实时监控预算编制和预算执行动态过程。简单来说，凡是涉及预算资金的相关部门数据均纳入数据共享平台，实现信息共享、数据互通。预算监督系统必

---

① 广东省财政厅. 打造全国预算联网监督的"广东样本"［J］. 中国财政，2017（19）：57–58.

须列示税务部门资金收入明细、国库支付系统的收支明细、预算单位的资金使用情况等，以便监督人员随时掌握预算资金收支动态。

为了保证数据信息的真实可靠，要建立数据信息抽查机制，做好数据审核工作。赋予监督部门一定权限，对数据和信息采取不定期抽查和重点抽查的方式，确保数据的真实性和可靠性。建立预算信息违规惩戒机制，对审查中发现的数据失真进行通报和惩戒。

2. 建立"互联网+"的预算数据信息公开平台

"互联网+"预算监督系统的重点是解决监督主体与被监督主体之间的信息不对称问题，而解决信息不对称的最有效办法是数据信息的公开透明。预算数据信息的公开可以保证监督主体高效获取信息，并监督预算编制和执行部门的预算资金运动，防止相关单位的违规行为。

第一，建立面向社会公众的预算数据信息公开平台。普通民众对预算数据信息公开的需求，也在一定程度上反映了民众对政府活动及自身利益的关切。面向公众的数据信息公开平台，重点是公布预算编制信息和决算报告，包括财政预算报告和决算报告、部门预算和决算报告。通过开发手机应用软件或利用微博、公众号等方式，适时公开政府和部门预算编制、执行及决算情况；对预算执行情况，要适时公开月报、季报和年报，保障信息渠道的顺畅。在预算信息公开过程中，要特别注意公开普通民众关注的重要事项，比如政府债务举借信息、重点工程项目信息等。

第二，建立面向人大代表的预算数据信息公开平台。在现有政治生态下，人大代表对预算数据的公开需求越来越大。人大代表要履行对政府和部门预算监督的职责，必须对相关预算数据有深入的了解，并以此为基础进行参政议政。为此，要通过"互联网+"预算监督系统为人大代表便捷地获取预算数据信息提供有效的渠道。在人代会休会期间，要利用"互联网+"预算监督系统通过 APP 或人大代表专用的便携式平板电脑向其推送有关预算监督信息，保证人大代表随时具有履行职责的能力。在人大开会期间，要利用"互联网+"预算监督系统推送政府预决算和部门预决算相关信息，以及政府和部门综合财务报告相关信息。

第三，建立面向预算监督专业部门的预算数据信息公开平台。普通民众和人大代表关心预算数据信息，各有侧重，但预算监督专业部门则需要全方位的预算数据信息。无论是审计监督部门还是人大预算监督部门，都需要对预算资金实现全覆盖监督。在现行预算管理体制下，各部门资金缺口大，财政部门管理困难，此时特别需要加大预算监督专业部门的监督力度。

3. 建立"互联网+"的预算监督数据分析平台

"互联网+"预算监督系统要真正发挥作用，必须构建预算监督数据分析平台。简而言之，就是要让相关信息能够为监督人员所用。其核心是构建和设置预算监督指标体系，利用大数据和云技术自动筛选相关监督对象，实现对相关指标的自动预警分析。比如，利用系统设定"三公"经费的标准，如果某部门编制的"三公"经费超标则自动预警。又如，我国对部分业务费实行定额管理，可据此在系统中设定其标准阈值；如果某部门的业务费编制和执行中超过标准阈值，系统则自动提示监督人员进行关注。另外，还可以根据历年数据设定相应的指标，对业务部门预算编制和执行中的异常值进行跟踪和管控。

4. 建立"互联网+"的预算监督反馈与沟通平台

"互联网+"预算监督系统不是一个封闭的平台，必须能够实现与外界的反馈与沟通。

第一，建立社会公众与监督主体及监督对象之间的互动机制。监督主体和监督对象要根据社会大众事件的变化，适时反馈社会公众的关注。

第二，建立预算监督主体与监督对象之间的互动机制。监督主体能够及时向监督对象反馈预算监督发现的问题，对违规违法行为要适时报告；而监督对象须对监督主体的质询进行充分的解释说明，对违规行为要及时纠正并报告监督主体。

第三，建立监督主体之间的互动机制。从专业监督机构来看，人大监督、审计监督和其他监督各司其职，各有所长。各监督主体发现的问题，要通过"互联网+"预算监督系统进行适时沟通，保证全方位监督无死角。

（二）完善"互联网+"预算监督的辅助支撑平台

1. 加强"互联网+"预算监督队伍建设

第一，要加强预算监督专业队伍建设。目前，国内预算监督专业机构队伍建设相对不足。无论是人大预算审查监督机构还是审计部门预算监督机构，监督力量都有限，且需要从事大量事务性工作，无暇投入大量的精力对预算编制和执行进行全方位的监督，这就导致预算监督大多需要借助外部监督力量，比如会计师事务所或高校财政专业教师。这些外部监督力量虽对预算监督有所了解，也具有一定的专业知识，但却无法长期投入预算监督工作，导致相关预算监督工作不能深入。因此，必须保证预算监督机构的专业人员摆脱日常公务或事务性工作，全身心投入预算监督活动。从实践上讲，必须扩充预算监督机构的专业人员数量，必须加强对现有专业人员的培训，提高其自身监督能力。

第二，要加强社会公众和人大代表的预算监督能力。预算监督是一项专业性很强的工作。社会公众和人大代表虽然投入了大量精力在预算监督上，但效果尚有待改善；其重要原因在于社会公众和人大代表缺乏专业性知识。为此，我们必须加强预算专业知识的普及，增强其预算监督能力。

2. 加强"互联网+"预算数据信息的安全风险防范

数据和信息安全是预算监督系统的生命线。预算数据的安全性问题需要通过互联网技术手段，保证预算数据在网络传输和各部门之间进行信息交换时不被篡改、不会丢失。同时，要对预算数据信息进行密级管理，对不同的监督主体要提供差异化的预算数据信息。特别是要通过法律和规章明确哪些数据信息属于机密不能公开，哪些数据信息必须公开，要防止借口数据信息的机密而拒不公开相关预算数据信息。

　　建立预算监督系统的安全防护体系，对各级政府和预算相关部门的预算数据和信息进行统一化管理。规范预算监督中各环节的运营和管理措施，对访客查询以及故障维修等进行记录和备份，通过不同形式的数据安全保障措施，使监督系统正常运行，确保预算数据的安全性、规范性和涉密信息的保密性。

　　加强预算监督系统运营和管理队伍建设，定期对工作队伍进行信息安全培训，增强相关人员的风险防范意识，为财政预算监督工作信息化提供有力保障。同时，要建立风险应对预案，一旦出现数据被恶意篡改等问题，能够及时应对并解决。定期组织自排自查工作，及时排除数据安全隐患。

参考文献：

　　[1] 魏陆. 全口径预算信息公开透明保障机制构建研究 [J]. 上海交通大学学报，2016 (2)：5-11.

　　[2] 张玲，凌岚. 国家治理与现代预算公开制度改革 [J]. 经济与管理研究，2015 (2)：94-99.

　　[3] 雷超凡，李铜山. "互联网+" 阳光财政发展中的问题及对策 [J]. 现代经济信息，2018 (7)：225-227.

　　[4] 何勇立. 广东打造 "透明钱柜" [J]. 决策，2017 (Z1)：54-56.

　　[5] 陶生元. 切实做好人大预算审查监督工作 [J]. 中国人大，2018 (20)：41.

　　[6] 曾笑. "互联网+" 时代财政监督体系的构建 [J]. 财政监督，2016 (21)：42-46.

　　[7] 广东省财政厅. 打造全国预算联网监督的 "广东样本" [J]. 中国财政，2017 (19)：57-58.

加快建立现代预算制度探析

刘　媛

内容提要： 党的十八届三中全会提出，财政是国家治理的基础和重要支柱，因此要加快建立现代财政制度。现代预算制度作为现代财政制度的核心，在中国特色社会主义新时代下，也被赋予更为明确的要求。我国现代预算制度建设进展中存在以下问题：①预算编制不精细、不科学，约束力不强；②人大及其常委会预决算审查能力较为有限；③预算执行监管不力，信息公开力度不够；④预算调整过于随意。结合党的十九大报告中加快建立现代预算制度的要义，以及全面实施绩效管理的具体内涵，浅析如何加快建立"全面规范透明、标准科学、约束有力"的现代预算制度。

关键词： 现代预算制度；党的十九大报告；全面绩效管理

一、引言

现阶段，我国社会主要矛盾已转化为人民日益增长的美好生活需要和发展不平衡不充分之间的矛盾。在物质生活水平提高的同时，人民群众对民主、法治、公平、正义、安全、环境等方面有着更高要求，这需要充分发挥财政在国家治理中的基础作用，通过发挥优化资源配置、提供公共服务、调节收入分配等职能，实现人民日益增长的美好生活需要。党的十九大报告明确提出，要加快建立现代财政制度，建立权责清晰、财力协调、区域均衡的中央和地方财政关系。同时，现代预算制度作为现代财政制度的核心，也对加快建立现代预算制度提出更为明确的要求，即加快建立全面规范透明、标准科学、约束有力的预算制度，全面实施绩效管理。

从各国现代预算制度的发展进程中可以发现：现代预算制度与民主政治如影随形，其最早起源于英国；与英国类似，美国现代预算制度的建立也是各方利益博弈制衡的结果，国会代表的立法权与以总统为代表的行政权先后主导预算权力，

作者简介：刘媛，西南财经大学财税学院博士研究生。

最终形成现今的立法与行政相互制衡、共同影响政府预算的格局。现代预算制度的本质特征是预算民主，这也是国家民主法治的核心内容。党的十八届三中全会指出，财政是国家治理体系与治理能力现代化的基础和重要支柱，将财政的作用提到前所未有的高度。而作为现代财政制度核心的现代预算制度，也是实现国家治理能力现代化必不可少的部分。2014年修订的《中华人民共和国预算法》（以下简称新《预算法》）作为调整预算关系和规范政府收支行为的"经济宪法"，在法律理念和法律制度的诸多方面都有重要突破和创新，其法律精神和根本宗旨是建立现代预算制度。"预算编制科学完整、预算执行规范有效、预算监督公开透明，三者有机衔接、相互制衡，是现代预算管理制度的核心内容"。因此，现代预算制度的构建应围绕全面完整、公开透明、规范约束、绩效导向、监督问责的基本维度。李燕等人（2016年）提出，全面深化预算改革，要从预算治理中现存的体制性漏洞、机制性障碍和制度性缺陷着手，即应当明确要求所有财政活动必须按预算程序依法进行，预算编制、审查批准、执行调整、决算审计、绩效评价等整个预算过程都必须接受立法机关以及公众的监督。

二、我国现代预算制度发展现状

党的十八大以来，我国加快建立现代财政制度，不断完善体制机制，更好地发挥财政在国家治理体系中的支柱作用。新《预算法》开始实施，从法律层面确立了我国现代预算制度的改革方向，目前已构建起以一般公共预算、政府性基金预算、国有资本经营预算和社会保险基金预算为基本架构，以部门预算为落脚点，以中期财政规划为决策蓝本的预算体系，基本反映了预算全面性、完整性的要求。随着预算制度改革的深入，现代预算制度的建立取得了一系列的新进展。如在新《预算法》的要求下，我国各级政府都不断地提高预算信息公开能力；地方政府债务完成清理甄别以及实行债务限额管理；转移支付制度得到完善，加强对财政专项资金的管理；此外，政府采购平台的使用，也更加规范政府采购服务，使政府采购服务更加公开透明等。但在现代预算制度建立的实践过程中，仍有许多预算制度亟待规范与改革。

（一）预算编制不精细、不科学，约束力不强

如省级财政专项资金预算编制不清晰。省级财政专项资金包括省级部门专项资金与省对下形成的专项转移支付两类。在预算编制改革中，省级财政专项资金中清晰纳入预算管理则主要体现为专项转移支付预算，而分配进入省级部门的财政专项资金较为含混不清。同时，部门预算虽然按照政府收支科目分类进行规范编制，但有些部门的职能与其所编列的项目支出并无关系，导致预算编制不合理。如某些宣传部门可能连续几年的"生产考核"被评定为优秀，获得安全生产目标奖。大多数部门仅将部门预算项目绩效作为项目设立和预算安排的条件，并没有

将其作为事中执行和事后评价的主要依据，也没有及时将需要调整的项目绩效目标按照相关审核流程报财政部门审批。此外，新《预算法》实施后，即2014年年底以前清理甄别的地方政府债务为存量债务。在提交省人代会审查批准的财政预算中，地方政府债务虽然按照新《预算法》的要求列入财政预算（草案）中，但提交省人代会进行审查批准的地方政府债务信息却很少，债务的审查内容也较为粗泛，基本只涉及债务余额和各市州的政府债务限额情况，缺乏置换债券和或有债务的变化情况。由于审批与监督机制没有落到实处，预算的约束力大大减弱。

（二）人大及其常委会预决算审查能力有限

党的十八届三中全会提出，建立现代财政制度，要"加强人大预算决算审查监督、国有资产监督职能"。近些年来，人大积极履职后，其审查监督工作确实取得了新成效，加大了对政府的收支行为的规范力度。在中国特色社会主义新时代下，人大作为权力机关，也被赋予新的要求。要求各级人大及其常委会成为全面担负起宪法赋予的各项职责的工作机关和同人民群众保持密切联系的代表机关。当人大的主体越来越强化时，其相应的审查监督能力也应增强，以改变审查不严、监督不到位的被动局面。但在实际操作过程中，人大及其常委会则常常迫于纸质草案过多，相关的数据不全面，审查不方便，业务知识水平有限等原因，导致审查难以落到实处。因此，人大要切实履职，其需要充分利用现代技术，提高相关工作机构与人大代表的审查监督能力。

（三）预算执行监督不到位，信息公开力度不够

经本级人大批准后的政府预算具有法律效力，其约束及规范着政府收支行为。尤其在新《预算法》颁布实施后，政府预算必须为全口径预算，政府的所有收支行为都应纳入预算管理，那么对政府收支行为的监督就有法可依，即必须为经过法定程序批准的政府预算，若有重大项目需要调整预算，须报本级人大常委会审查批准。然而，在实际执行中，政府在安排使用财政专项资金时，并没有严格按照预算执行，而是根据财政部门内部的资金安排思路。因此，预算执行中会有很多政府调剂的情况，但对于重大事项的预算调整，新《预算法》要求必须报人大及其常委会审批。可是，在年度预算的执行过程中，政府对某些重大支出的预算调整并未报本级人大常委会审批，同时人大对于预算调整的监督意识也不强，很多时候并没有主动监督其执行情况。如某省省级产业发展投资引导基金设立两年多以来，投资实现率不到10%，资金使用率低，未对产业发展起到投资引导的作用，但人大未要求财政部门报送产业发展投资引导资金沉淀及未得到充分使用的原因。此外，2014年年底前清理甄别地方政府存量债务后，地方政府现已基本掌握和控制债务增长规模。从公开的财政预算信息来看，报经人大批准的地方政府债务信息并不多，尤其缺乏该年度内存量债务的实际置换额以及存量或有债务的转化情况。

（四）预算调整过于随意，且未及时报批本级人大常委会

新《预算法》中明确规定，重大支出预算的调增调减，需要报本级人大审查批准。然而，在预算的实际执行中，政府对于重大事项的预算调整并未报本级人大审查批准。在预算调整中，也有因地方债务收入而须进行预算调整的情况。新《预算法》规定，省级及以上政府具有增发政府债券的权利，且须在国务院批准的年度新增地方政府债券的限额内，因此省级以下的各市（州）政府没有发行债券的权利。各市（州）若因建设投资而需新增地方政府债务，须先报本级人大及其常委会审查批准新增地方政府债务，再由省级政府代为发行债券，省级政府为新增债券的债权人。但实际执行过程中，各市（州）政府并未及时报本级人大及其常委会审查批准。这实际上是违背新《预算法》规定的，不符合地方政府新增债务的审批要求。

三、加快建立我国现代预算制度的要义

内容完整、编制科学、执行规范、监督有力、讲求绩效和公开透明是现代预算制度的基本要素。要立足于已确立的预算制度主体框架，进一步提高预算的全面性、规范性和透明度，推进预算科学精准编制，增强预算执行刚性约束，提高财政资源配置效率。

（一）全面、规范、透明

（1）全面。政府预算实行全口径管理，这要求全面反映政府收支总量、结构和管理活动。就我国目前确立的现代预算制度框架而言，则需要严格把控政府性基金项目设立标准，加大国有资本经营预算调入一般公共预算力度，加快推进统一预算分配权。同时，要求政府全面规范收支行为，强化无预算无收支意识，决不允许在预算规定范围之外的、任何以政府为主体的资金收支活动。

（2）规范。现代预算制度的建立，需要推进预算编制改革。即政府预算应当严格按照政府收支科目分类编制，采用统一的预算科目名称与预算科目编码，统一各级政府编制口径，以及规范基本支出定员定额管理、政府采购标准等。同时，严格规范超收收入的使用管理，应根据预算而依法征收财政收入，不得征收预算范围之外的税收等。严格规范财政专项的设立标准、评估及退出机制，整合清理不规范的财政专项资金项目，严把财政专项资金的设立关口，不得设立无管理办法的财政专项资金。严格规范政府与社会资本合作，处理好发展与举债之间的关系，严格 PPP 项目的入库管理。此外，严格规范地方政府的举债行为，强化地方政府新增债务只能采取发行政府债券方式，严禁以政府名义违规借款或者担保举债等行为，以此规范地方政府举债方式。并且明确规定省级以下地方政府不得发行政府债券，若其确需新增债务，可以允许省级政府代为发行政府债券，以强化地方政府债务的预算管理和限额管理。在明确各级政府对本级债务负责的基础上，

构建管理规范、风险可控的政府举债融资机制，增强财政的可持续性。

（3）透明。民主预算是现代预算的核心，新《预算法》中也明确提出要公开政府预算。预算作为实现国家公共财政的主要方式，其对公众依法公开信息，是政府履行政治职责的体现，也有助于公众了解政府决策，从而更好地配合政府落实有关政策。这也有利于社会公众监督政府活动，推动落实新《预算法》。同时，增加政府工作的透明度，需坚持以公开为常态、不公开为例外的原则，进一步拓展预算公开的内容和范围，完善预算公开的方式方法，全面提高预算透明度。

（二）标准、科学

预算作为一个通过立法程序确定的对公共资源分配且具有法律效力的文本，其编制必须是标准的、科学的、有法可依的，才能使资源配置更为顺畅。首先，在预算编制前，应当充分学习理解中央经济工作会议精神、省委经济工作会议精神、国民经济与社会发展计划报告，以及省政府、省级财政部门关于本年度政府预算编制意见的通知等，明确本年度国家宏观调控要求和重点支出预算安排的基本规范，并且需要深入推进项目支出的标准体系建设，发挥标准对预算编制的基础性作用。其次，要加强对政府预算编制规律的掌握，不断总结本级政府在预算编制改革中出现的问题，进而提高下一年度的预算编制的科学性、准确性。此外，应当充分运用预算评审的结果，及时总结不同项目的支出规律，尤其是加强对专项转移支付项目中的绩效评价的分析，探索出同类项目的标准化管理模式。

（三）约束有力

预算的约束性不仅强调预算的编制、审批、执行、调整、决算等过程需要按照法定程序运行，其对在预算过程中的各利益主体都具有约束作用。那么，预算作为一个对公共资源分配具有法律效力的文本，其是否切实地发挥作用，人大对预算的审查与监督就显得尤为重要。因此，首先要严格贯彻落实新《预算法》，人大及其常委会应当做好新《预算法》的执法检查工作，增强预算编制、执行等过程中的法律意识，切实硬化预算约束。其次，严控预算调整和预算调剂事宜，强化预算单位主体责任。严格按照新《预算法》的规定，重大事项的调整需报本级人民代表大会审查批准，从而依法约束政府的预算自由裁量权以及随意调整权，真正实现预算法律效力的严肃性。加强审计工作，注重审计查出问题后的整改情况，增加对审计工作的满意度测评环节，强化审计责任。此外，层层落实各级地方政府的主体责任，加大问责追责和查处力度，完善政绩考核体系，做到终身问责，倒查责任。

（四）全面实施绩效管理

新《预算法》的实施，标志着我国预算绩效管理理论的基本形成，预算绩效管理正式上升到国家治理的层面。其中，新《预算法》中对预算绩效管理做了明确的规定，要求各级预算应当遵循绩效管理原则。即在预算编制时，需要参考有关支出绩效评价结果；预算审批环节时，有关专门委员会应当结合本年度预算草案及上一年度总预算执行情况的审查结果报告，对提高预算绩效等提出意见和建议；预算执行环节时，各级政府、各部门、各单位应当对预算支出情况展开绩效评价；决算审批环节时，对本级决算草案，重点审查重点支出、重大投资项目资金使用情况。在我国预算绩效管理理论的基础上，党的十九大报告中正式提出对预算全面实施绩效管理，这是在绩效评价、政府绩效管理基础之上的一次飞跃。其提出的全面实施绩效管理，将绩效理念和方法深度融入预算编制、执行和监督的全过程，并且覆盖所有的财政资金，切实做到"支出必问效，无效必问责"。此外，全面实施绩效管理，应当建立预算安排与绩效目标、资金使用效果挂钩的激励约束机制，强化绩效目标管理和绩效目标执行的动态监控，同时更加注重支出结果和政策目标的实现程度，以提高公共服务质量和水平。

四、结语

建立全面规范透明、标准科学、约束有力的现代预算制度，是强化预算约束、规范政府行为、实施有效监督的有力保障。然而，现代预算制度的建立与完善，不仅需要国家领导层面做好制度设计工作，各级政府部门切实依法履行财政职责，也需要各级人大及其常委会真正履职，依法做好对政府预算的审查监督工作，各级人大代表依法履行好知情权、审批权和监督权，切实维护人民群众对美好生活的需要。此外，更需要强化社会公众有权监督政府预算的观念，增强其主动参与预算审查监督的意识，增强现代预算制度的约束力，以推动现代预算制度的建立。

参考文献：

[1] 卢真，马金华.中西方现代预算制度成长的驱动因素分析及启示 [J].中央财经大学学报，2016（10）：13-18.

[2] 彭健.英国政府预算制度的演进及特征 [J].东北财经大学学报，2008（2）：45-49.

[3] 王熙.美国预算制度变迁及其对中国的启示 [J].中央财经大学学报，2010（2）：16-20.

[4] 苗庆红.中国经济转型背景下的财政制度变迁逻辑及未来展望 [J].中央财经大学学报，2016（9）：3-10.

[5] 李燕，王晓.国家治理视角下的现代预算制度构建 [J].探索，2016（3）：58-61.

[6] 朱大旗.国家治理视角下的现代预算制度构建 [J].现代法学，2015（5）：12-19.

[7] 曹堂哲.现代预算与现代国家治理的十大关系——基于文献的审视 [J].武汉大学学报（哲学社会科学版），2016（6）：54-59.

[8] 张玲，凌岚.国家治理与现代预算公开制度改革 [J].经济与管理研究，2015（2）：94-99.

[9] 施正文.新预算法与建立现代预算制度 [J].中国财政，2014（18）：27-29.

［10］闫坤.硬化支出约束以新预算法为基础构建现代预算制度［J］.中国财政，2015（1）：54-59.

［11］楼继伟.建立现代财政制度［N］.人民日报，2013-12-16.

［12］李建军.我国预算体制改革的方向与制度设计［J］.财政监督，2013（13）：10-12.

［13］马蔡琛.现代预算制度的演化特征与路径选择［J］.中国人民大学学报，2014（5）：27-34.

［14］余红艳，储德银.构建我国现代预算制度的约束与路径选择［J］.经济纵横，2015（3）：109-113.

［15］高培勇，张蕊.完善预算体系 加快建立现代预算制度［J］.中国财政，2015（1）：28-33.

［16］寇明风.现代财政制度背景下转变预算理念的思考［J］.财政研究，2015（6）：14-19.

［17］马海涛.建立公开透明的现代预算制度［J］.中国财政，2016（12）：1.

［18］池国华，陈汉文.国家审计推进现代预算管理的路径探讨［J］.审计研究，2017（3）：30-35.

财税沙龙

如何加强县级地方人大预算审查监督^①

主持人：李建军，西南财经大学财税学院教授

本期嘉宾：
马蔡琛，南开大学经济学院教授
肖　鹏，中央财经大学财税学院教授
何通艳，成都市人大预算委员会

背景材料：党的十八大报告指出："加强对'一府两院'的监督，加强对政府全口径预算决算的审查和监督"。党的十八届三中全会决定指出："改进预算管理制度。实施全面规范、公开透明的预算制度。审核预算的重点由平衡状态、赤字规模向支出预算和政策拓展"；"加强人大预算决算审查监督"。党的十九大报告指出：建立全面规范透明、标准科学、约束有力的预算制度，全面实施绩效管理。

主持人：郡县治，天下安。县是我国政府结构和国家治理的关键层级，县级政府相对直接面对居民，是基本公共服务的主要提供者和具体实施者。县级预算的质量和绩效，关系到财政资金使用绩效和广大公众的福祉。《中华人民共和国预算法》（以下简称《预算法》）第四十六条规定："报送各级人民代表大会审查和批准的预算草案应当细化。本级一般公共预算支出，按其功能分类应当编列到项；按其经济性质分类，基本支出应当编列到款。"县级政府部门预算编制也遵循这一规定，但就实际呈现的预算看，仍存在因过于简化粗略，难以看清弄明白，从而制约了人大代表与社会公众的有效监督。对此，您是如何看的？

马蔡琛：就中国县级财政预算管理的发展而言，恰好处于"自上而下"和"自下而上"预算改革的交汇节点之上。就县级政府预算而言，至少有两方面因素影响其行为模式、作用机制及运行果：一是在宏观经济政策或预算管理制度层面，来自中央政府或上级政府的、由政府命令和法律引入实行的强制性预算制度变迁

---

① 本文来自《四川财政与会计》2019年第2期"财税沙龙"栏目，感谢《四川财政与会计》的支持！

力量，无论是部门预算改革、国库集中收付制度、政府采购、收支两条线、政府收支分类改革等核心预算改革的主体框架，还是预算管理基本流程和预算权力分布及职责划分等，都作为重要的强制性外生制度变量，约束和影响县级预算过程中的行为模式。二是县级政府基于当地经济社会发展水平的限制、要求和促动，具有一定自主性的预算管理制度创新（如源自浙江温岭的参与式预算改革创新）。

肖鹏：每年提交人大审查批准的政府预算，是政府的年度施政计划在公共资金安排上的体现。预算编制的细化，当然有利于人大代表在审查预算的时候，更清楚纳税人的公共资金花在了什么领域，是用于人员支出还是用于商品服务支出或其他资金性支出等。《预算法》对各级政府提交人大审查批准的预算的细化程度做出了最低细化程度的法律规定，各级政府在预算编审中首先要确保其最低标准可以贯彻落实。其次，可以突破其最低标准的要求，向人大代表提供更为细化到项级、目级、节级科目的预算报表，供人大代表审查。出于节约会议材料成本的考虑，可以借鉴广东等地的做法，建立县级人大与财政的预算联网审查监督系统。再次，加强对人大代表的法律知识、财经知识、预算知识的培训，提高人大代表的专业素养。最后，完善地方相关法规，明确人大代表审查预算发现问题的后续处理流程与问责机制建设。

何通艳：政府预算草案是政府年度收支计划的完整反映，信息量大、逻辑性强，具有很强的专业性，对预算草案编制者和草案文本使用者都提出了很高要求。要确保县级人大代表更好地理解预算草案，还需在以下方面下大力气：一是要继续推进预算草案的细化和可理解性。要严格按照《预算法》的规定细化预算支出，在此基础上，建议在预算编制说明上下功夫。目前，各地预算草案文本主要由预算报告和预算草案表构成。预算报告并非直接用于说明预算草案表，两者间的直接关联性较差，一定程度影响了人大代表对预算草案表的理解。预算编制部门有必要提供更具针对性的预算草案表编制说明，以图文并茂的方式详细说明草案表中的收支数据，尤其是重要的收支变化及其变动因素，确保预算草案更易于理解。同时，现有预算草案表体系还没法将政府汇总预算和部门预算草案的逻辑联系直观地呈现出来，两者处于割裂状态，致使人大代表无法全面、深入地审查政府预算，看不清、看不全是常态。建议在统一的预算报表体系外，根据本县具体情况编制项目报表，将政府汇总预算和部门预算有效地结合起来。中共中央《关于人大预算审查监督重点向支出预算和政策拓展的指导意见》中已明确要求"支出预算和决算要列示重大政府投资计划和重大投资项目表"。二是要更加重视县级人大代表的预算审查监督能力培训，通过系列专题培训，提高县级人大代表审查预算草案的能力。同时，多举措保障县级人大代表审查预算草案的时间，如提前将预算草案文本（纸质或电子版本）送人大代表、延长人代会期间预算草案审查时间等，确保人大代表有更多时间熟悉和分析预算草案，提升审查效果。

　　主持人：《预算法》中法定的县级人大预算审查有县级人大常委会对本级预算草案初步方案的初步审查、县级人民代表大会对预算草案的审查。在人大常委会初审之前，县级人大常委会的预算工作机构（不同地区名称不一，如预算审查工作委员会）组织预先审查。预先审查虽然在某种意义上是初步审查的准备，但对于提高初审工作质量和效率、提高预算编制质量非常重要。但是，预先审查也面临诸多约束，比如常委会预算工作机构人员很少、预先审查工作的专业性和连续性与预先审查参与人员专业性不足、稳定性不高的矛盾等。请问：您是如何看待预先审查的，应如何进一步改进预先审查工作？

　　马蔡琛：预先审查是加强预算审查监督的重要环节。我国人大审议政府预算采用的是一次表决的决策方式，也就是一次性表决、一次性通过。这也导致了即使有些代表对预算草案的部分内容存有质疑，由于缺乏政府预算审批中必要的辩论程序，在表决时既不能全部否决，也缺少发表意见的机会。

　　针对一次性总体表决而导致预算审议容易流于形式的弊端，可以尝试率先在基层政府预算的审议中，引入分部门预算审议和分部门表决的机制。在具体操作层面，可以采用"三部曲"的预算规范化进程。

　　首先，全面推进各级人大代表政府预算的知识普及，提高立法监督机构的预算审议能力；其次，在人大系统内部建立专家咨询机构，由具有丰富经验的预算专家协助人大代表审查政府预算；最后，尝试推行政府预算草案的分部门审议与分部门票决制度，全面提高预算规范化和法治化水平。

　　何通艳：《预算法》第二十二条第四款规定："县、自治县、不设区的市、市辖区人民代表大会常务委员会对本级预算草案初步方案及上一年预算执行情况进行初步审查，提出初步审查意见。县、自治县、不设区的市、市辖区人民代表大会常务委员会有关工作机构对本级预算调整初步方案和本级决算草案研究提出意见。"全国各地在提升县级人大预算审查监督工作质量上做了大量工作。如成都市20个区（市）县人大常委会都新设了预算工作委员会，作为人大常委会预算审查监督工作机构，推动了年度预算草案的预先审查工作，为人大常委会的初步审查提供重要参考信息并做好工作准备，对提高初步审查意见质量有重要作用。中共中央《关于人大预算审查监督重点向支出预算和政策拓展的指导意见》对各级人大及其常委会的预算审查监督提出了更高标准。基于县级人大常委会在专业人才、信息等方面的瓶颈，县级人大常委会有关工作机构要更加重视发挥组织、协调作用，充分发挥人大各专门委员会、人大代表以及专家智库在预先审查中的作用，使各方力量形成合力。专家智库建设方面，建议在更高层面（如省级）建立全省统一、可共享的专家信息库，最大化整合专家资源、节约建库成本的同时，也解决了部分县级人大无专家资源的难题。同时，预先审查方式上求创新，突破单一集中的审查方式，广泛组织人大代表、专家智库在预算编制过程中提前深入调查研究，广泛听取意见，及时与部门沟通，更好促进群众意见能够反映到预算草案中，提高草案质量。

肖鹏：各级地方人大财经委（或预工委）对各级政府预算草案的初审，是专职机构、专业工作人员对政府下一年度花钱计划的审查，对于弥补兼职的人大代表在短短"两会"期间审查预算时间与精力不足问题，起到了很好的前置作用。当然，人大专委会在进行本级政府预算的初审时，会面临人员不足、稳定性不高等矛盾，建议可以从以下几方面加以改善：①每年选取 5~10 个部门的预算进行汇报初审，聘请地方非公职部门的人大代表和高校专业人员参与预算的初审工作；②对于预算初审中发现的问题，要求部门在初审后的 10 个工作日、地方"两会"之前提交处理意见；③建立部门预算初审结果的数据库，对于部门预算编制质量高低不同的部门分类管理。

主持人：政府的基本支出（含人员经费和公用经费）一般有比较严格的支出标准，而项目支出因各种特定项目而设定，项目实施关乎政府职能实现和地区经济社会发展，也直接涉及预算编制的合法性、科学性和安全性，关系财政资金使用绩效。请问：县级人大应如何加强和改善项目支出的审查与监督？

马蔡琛：在基层财政预算的审查监督过程中，对于项目支出而言，可以考虑逐步引入参与式预算管理的方式。

参与式预算通过吸收公民直接参与预算过程，讨论和决定预算资金的使用，合理确定预算项目的优先序，并监督资金的安全有效运行。其所内生的公平配置资源、监督政府支出、实现社会公正的功能，已然成为各国政府治理（尤其是基层政府）中颇具发展前景的一种预算管理模式。

因此，可以结合当前基层预算改革中的参与式预算试点经验，在预算草案的初审阶段，针对涉及民生的重点公共支出项目，更为广泛地吸收民意代表参加预算审议，有效克服缺少预算辩论的机制设计缺失，从而实现听取民情、挖掘民隐、伸张民意的公共预算改革目标。

肖鹏：《预算法》中，在预算的编制、执行、审查、决算章节中共有五条内容包含有"绩效"关键词，凸显了全社会、决策层对财政资金使用绩效的高度关注。2018 年 3 月 6 日，中共中央办公厅印发的《关于人大预算审查监督重点向支出预算和政策拓展的指导意见》，进一步拓展了人大在预算审查中的职责。对于项目支出，人大在预算审查的时候，可以进一步贯彻绩效导向的理念，强调"花钱必问效、无效必问责"。在预算安排环节重点审查项目绩效目标设定是否合理，资金安排是否符合标准，预算的产出是否符合绩效导向等。在预算执行环节，选择若干社会关注度高的民生项目、重点项目开展绩效评价，并将绩效评价的结果在一定条件下向全社会公开，提高全社会对财政资金使用的关注度。

何通艳：县级人大在支出项目审查监督方面，有着不同于上级人大的情况，上级（包括中央、省、市）专项下达后，都需要县级政府履行支出任务。因此，县级人大审查监督的不仅有本级财政安排的支出项目，还包括大量上级专项支出项目，审查监督工作量大、任务重。当然，县级人大也有自身优势，审查监督重点项目选择空间大、项目支出信息和实施效果信息收集更便捷。因此，要强化支出项目的审查监督，可从以下几个方面入手：一是优选重点项目，重点审查各级党委部署的重大项目、社会关注度高的民生项目、审计查出问题的常年安排项目等，要重点关注项目绩效目标的设定情况。人代会上，可专题审查个别重大支出项目安排情况，并单独表决。预算监督环节，优选重点监督项目，实现四个结合：结合年初预算审查重点，结合上级人大监督重点，结合本级政府审计部门监督重点，结合社会关切重点，优选重点监督项目，丰富监督信息，形成监督合力，拓展监督广度和深度。二是不断推进县级人大预算联网监督工作，将"线上监督"与"线下监督""数据信息监督"与"实地察看"有机结合，提升监督时效。三是积极运用重大事项决定权、专题询问等更为刚性的监督方式，加大监督力度。四是进一步推进预算信息公开工作，探索重大投资项目预算支出情况和使用绩效的公开工作，充分利用社会公众便于接收的传播手段，扩大公开信息的社会关注度，真正发挥社会监督的威慑作用，增强监督效果。